智库内外的思与言

浩轩 著

中国财经出版传媒集团
中国财政经济出版社
· 北 京 ·

图书在版编目（CIP）数据

智库内外的思与言 / 浩轩著. -- 北京：中国财政经济出版社，2024.5

ISBN 978-7-5223-2796-9

Ⅰ.①智… Ⅱ.①浩… Ⅲ.①社会科学－文集 Ⅳ.①C53

中国国家版本馆CIP数据核字（2024）第035200号

责任编辑：高文欣　　　　　　　责任印制：史大鹏
责任校对：徐艳丽

智库内外的思与言
ZHIKU NEIWAI DE SI YU YAN

中国财政经济出版社 出版

URL：http：//www.cfeph.cn

E-mail：cfeph@cfemg.cn

（版权所有　翻印必究）

社址：北京市海淀区阜成路甲28号　邮政编码：100142
营销中心电话：010-88191522
天猫网店：中国财政经济出版社旗舰店
网址：https：//zgczjjcbs.tmall.com
中煤（北京）印务有限公司印刷　各地新华书店经销
成品尺寸：160mm×230mm　16开　16.25印张　155 000字
2024年5月第1版　2024年5月北京第1次印刷
定价：78.00元
ISBN 978-7-5223-2796-9
（图书出现印装问题，本社负责调换，电话：010-88190548）
本社图书质量投诉电话：010-88190744
打击盗版举报热线：010-88191661　QQ：2242791300

序　　　　　　　　　　　　FOREWORD

　　在当前这个全球化达到前所未有的高峰的时代，大国博弈空前激烈，国际体系面临深度调整，传染性疾病比以往更容易造成席卷全球的公共卫生事件，气候变化的威胁如达摩克利斯之剑悬在头顶，国际政治、经济、社会、教育、文化各领域经历震荡，我们面临着前所未有的不确定性。在百年未有之大变局的时代，国家的发展面临着深刻复杂的变化，挑战和机遇并存，科学决策的难度空前加大。

　　因循守旧难以应对新的现实，要把握新机遇、应对新挑战，提升中国的全球话语权和软实力，需要科学、专业、系统的研究作为决策的支撑。来自一线工作者的经验和体悟具有宝贵的启发价值，因之而形成的建言献策对我们有效应对新问题具有重要意义。

　　习近平主席于2021年2月9日在主持中东欧国家领导人峰会的讲话中引用了中东欧的一句谚语："好的建议比黄金更有价值"。

全球化智库（CCG）成立的初衷就是为国家科学决策提供智力支持。从成立之初，CCG就确立了"以全球视野为中国建言，以中国智慧为世界献策"的理念，致力于全球化、国际关系、全球治理，国际经贸与投资，国际移民、人才与企业全球化、中美关系与中美经贸、"一带一路"、智库发展等领域的研究。

这些努力也为CCG赢得了声誉，CCG是首个进入世界百强的中国社会智库，首个获得联合国特别咨商地位的中国智库，在国内外多个权威智库排行榜单均被评为中国社会智库第一。在美国宾夕法尼亚大学《全球智库报告2020》中位列全球顶级智库百强榜第64位；在中国工程院与浙江大学研究机构联合发布的2021年度《全球智库影响力评价报告》中，位列"全球智库TOP 100榜单"第26位、"中国智库TOP 100榜单"第7位，连续两年位列中国社会智库第1位。

企业作为市场主体，是经济力量的载体，企业的高质量发展是中国经济高质量发展的微观基础。CCG非常重视了解企业诉求并就此进行建言献策。"中国企业全球化论坛"是CCG打造的中国全球化发展各主体的思想盛会。此外，CCG每年还举办十数场企业座谈会，聆听企业的诉求并以建言的形式送报相关部门。

CCG不仅自己积极建言献策，也鼓励智库理事们参与这一饱含家国情怀的事业。浩轩是CCG的常务理事。多年以来，他利用从事国际商务的便利，常年行走世界各地，一直站在商业和市场的一线。他具有敏锐的洞察力和宽广的国际视野，每年都提出多篇有建设性的建言，内容覆盖众多领域。他的建言《建议职务发明归单位和个人共同所有》主张保护发明人的权益和积极性，这一观点具有广泛和深远的影响，2020年修订、2021实施的《专利法》中体现了对这种权益的保护。

浩轩既是一名资深的国际商务专家，又是一位勇于担当、关注社会、心系国家发展的智库人，这实属难能。在这本书中，他分享了自己多年以来写就的建言和一线工作感悟，表达了行业人士的思考，提出了专业的建议。这不仅对决策是一种宝贵的智力支持，对同行也是一次珍贵的经验分享。

中国已经走上新的发展征程，民族复兴这一伟大事业需要我们共同为之努力，需要更多像CCG这样的智库为国建言，同样也需要更多像浩轩这样有情怀和责任感的人士为社会献策。正如他在前言中所写的那样，希望本书能唤醒更多的同路人一起推动社会和政策进步。我们祝贺《智库内外的言与思》一书的面世，也期待未来浩轩能够写就更多有价值的建言，为推动国家和社会进步作出更大的贡献。

全球化智库（CCG）理事长　王辉耀博士
全球化智库（CCG）秘书长　苗绿博士
二零二四甲辰龙年初

前　言　FOREWORD

本书中的文章收编了往日通过全球化智库（CCG）等提交的部分建言和平时透过细致观察和审慎思考后写成的短文。深知国家兴亡，民族复兴，人人有责，要从我做起；祈盼国家繁荣昌盛，社会不断进步，科技高速发展，人民安康幸福。笔者本着用全球视野为社会建言的初心写下这些文字，意在尽共和国公民的一份担当。

期望每一篇小文能像一块用炽热的责任感凝成的小石子，借助文字的力量把它们投进献策的江河里和建言的湖海中，激起一朵朵水花，荡出一圈圈涟漪，吸引读者和有关部门的一些眼球，唤来有心人的关注，提醒更多同路人共同推动社会和政策进步。

癸卯兔年执笔成册，恰逢持续三年的疫情严控后的全面解封，是重新放飞后的再出发。本书能有幸成为游客旅途中的一本读物，笔者便会欣喜；若能摆在书店的架上，与高知们借由文字无言地交流沟通的目的就达到了；提出的一些设想如能获得读者的批评和指教，那是求之不得；倘若书中提到的某些问题能引起有关部门的重视，进而予以解决那更是喜从天降。

书中的观点反映了本人看世界的一个独立的视角，系所思所想，也有读书听闻后的感悟，不论属于哪类，自己心中始终十分明了：世间的每一个人都有自己看不到的东西。正因为如此，书中表达的主张、建议等不一定准确和正确，也许偏颇或偏激，有些甚至是错误和荒谬，但这些都遮掩不了笔者发自内心对国家的热爱，对社会的关心，故愿敞开胸襟欢迎各界人士不吝指教。作为改革开放的参与者和受益者，感恩哺育和培养了我辈的这块土地。历经35年的商海生涯，内心早已了知，为国为民最终实际就是为自己，因为有国才有民，有民才有我，国富民强才有我等生存和发展的海阔天空。

感谢国务院原参事，CCG创始人、理事长王辉耀博士把我引入社会智库领域，激起并发挥了建言的热情和潜能；感谢CCG联合创始人、秘书长苗绿博士长期的认可和支持，才会常年乐于踊跃献策。本书能顺利出版，还有至爱亲朋等太多的人需要感谢，恕不列举，在此鞠躬，一并致谢。

浩　轩

癸卯兔年岁末　于北京大望路

目 录 CONTENTS

1 国际会展 …………………………………………… 1

    展览强国的路在何方？ …………………………… 3

    进博会的意义 ……………………………………… 8

    海外办展　天广地阔 ……………………………… 12

    圣多明戈展会的启示 ……………………………… 16

2 文旅传播 …………………………………………… 21

    入境游与出境游 …………………………………… 23

    用怎样一句话来推介中国？ ……………………… 27

3 城市战略 …………………………………………… 33

    打造全球最大的医疗旅游岛 ……………………… 35

    沈阳该怎样振兴？ ………………………………… 40

4 乡村振兴 … 49
   共建"千品园" … 51

5 科技专利 … 55
   建议职务发明归单位和个人（团队）共同所有 … 57
   科学的又一个春天 … 63
   设立中国"专利日" … 66
   国家最高科学技术奖金额度提高了 … 69

6 交通管理 … 73
   为什么机场行李安检处总排长队？ … 75
   科学设计　人文思考 … 82
   城市拥堵的罪魁祸首 … 84

7 安全预警 … 89
   应尽快建立经济（经贸）预警和应急中心 … 91
   加强保护中国顶级科学家 … 100

8 共建"一带一路" … 107
   给"引进来"献策　为"走出去"建言 … 109
   高质量加速海外园区建设 … 112
   混合所有制企业在海外大有作为 … 116

关于在海外精准设立工业合作区的设想 ·················· 120
银行降息　助力海外投标 ································ 125

9　法律法规 ························· 129

企业名称核准注册去地名化的意义 ···················· 131

10　品牌创新 ························ 139

"海航"品牌　务必保留 ································ 141
关于中国汽车工业的一点具体建议 ···················· 144
打造100个"华为" ···································· 148
关于控制过度宣传"双十一"的建议 ·················· 154

11　解放思想 ························ 157

新加坡可以成功，我们为什么不能？ ·················· 159

12　中美经贸 ························ 163

谁受益　谁交税　这两件事　要说透 ·················· 165
美国加征关税　中国加速品牌 ························ 169
加快海外建厂 ·· 173

13　招标采购 ························ 177

怎样做到进口采购货比三家？ ························ 179
遏制和震慑采购腐败的建议 ·························· 182

14　国企混改 ……187

　　混合所有制　股权结构可以这样设计 ……189

15　供给侧结构性改革 ……193

　　供给侧结构性改革的终极目标是什么？ ……195

16　国际商务 ……199

　　关于驻外经济商务参赞选派的一点思考建议 ……201

17　参访游学 ……205

　　离我们最近的发达国家：韩国 ……207
　　六天日本之行见闻 ……212
　　德国的经济为什么这么强？ ……216

18　读书观感 ……221

　　格力之父 ……223
　　读《战后日本经济史》有感 ……226

附　录 ……229

1 国际会展

展览强国的路在何方？

2015年4月19日，国务院发布了《关于进一步促进展览业改革发展的若干意见》（以下简称《若干意见》），首次全面系统地提出展览业发展的战略目标和主要任务，并对进一步促进展览业改革发展做出全面部署。《若干意见》提出四个方面的措施要求：一是改革管理体制；二是推动创新发展；三是优化市场环境；四是强化政策引导。李克强总理指示：要把中国从展览大国发展成展览强国。多年的时间已经过去，中国的展览业的确已取得了前所未有的成绩，其中广州中国进出口商品交易会（广交会）、中国国际进口博览会（进博会）、中国国际服务贸易交易会（服贸会）已经成为具有世界影响力的三大盛会，也是中国对外开放的三大展会平台。可时至今日，纵观目前的中国整个展览业，绝大多数展览主办方和参展方的思维和展览形式还停留在约60年前计划经济搭展台、包展位、卖展位的时代，正是这些因素导致我国目前还停留在展览大国而不是强国的阶段。如何破局，路在何方，现在以广交会为例进行探讨如下。

一、展览现状

中国的展览业至今还延续60年前的思维和展览形式，也就是各种展会突出展示企业名称和企业本身，过多强调产品的生产背景，而忽视对产品特性和品牌的打造和营销。

二、存在问题

以被誉为"中国第一展"的广交会为例，其创办于1957年4月25日，每年春秋两季在广州举办，由商务部和广东省人民政府联合主办，中国对外贸易中心承办。广交会是中国历史最长、层次最高、规模最大、商品种类最全、到会采购商最多且分布国别地区最广、成交效果最好的综合性国际贸易盛会。

时至今日，广交会已经举办了67年，共134届。众所周知，广交会取得的成绩是巨大的，但与国际知名的会展相比还有许多需要改进的地方，其中沉积了67年的弊端和问题严重制约和阻碍了参展企业产品的营销，没有起到展示招商应有的效果，进而影响广交会品牌的打造，分析如下。

1.展位布置和摊位倒卖

有一年我参加广交会，走进广交会看到这样的情景，展位上方醒目的位置清楚地标明：丝绸服装有限责任公司，可展台上摆放的却是五金工具、机电产品。这种"挂羊头卖狗肉"的展示，给人一种走错了地方或企业经营混乱的感觉，会让国外买家丈二和尚摸不着头脑，成交下单的可能性大大减少。这种现象已经存在了半个世纪，亟待改进。展会主办方要始终清楚，要想成就一个展览品牌，专业化是必不可少的，尽最大可能为买卖双方着想，客户越便利、越成功，展会的影响力就越大，展会的品牌也就渐渐树立起来。

2. 参展的同品类厂家过多

展览的主办方如果只考虑把展位摊位推销出去，不控制同品类的竞争，对参展商是一种伤害。众所周知，把1个产品推销给10个买家是开拓市场，10个卖家介绍给1个买家就是自相残杀。长此以往，卖家难以受益，参加展会的热情和积极性就大打折扣。地面展会包括广交会不宜办成同类产品惨烈厮杀的场所，市场适度竞争是良性的、有益的，过度竞争不利于一个国家、地区、企业和产品的健康发展，可取的做法是适度控制同类产品的展商数量。

3. 展位布展方式值得商榷

现有的展览布展方式客观上在要求和鼓励展示**企业名称和企业本身**。可以设想一下，远道而来的客商、走进展馆的买家心中想的是什么？是买参展的企业还是买展示的产品？通常情况下，绝大部分客户主要目的是买产品。既然是买产品，展馆中每个展位醒目位置出现的企业的名称就没有什么意义。展位上有企业名称最大的好处是利于主办方管理，也便于老买家寻找老卖家。参加展会卖家的最主要的目的是找到更多新的买家,开拓更多新的市场;买家则是希望找到更多的有潜力的新产品和物美价廉的老产品。目前展会的布置和设计理念让买卖双方实现各自的目的难度都很大,影响了产品的购买和营销。中国人自己都无法记住企业长长的名称,外商记住的可能性就更小。留心观察国际上的著名展览和参展的著名厂商几乎都在展位上最显著的展示产品品牌,可中国的展览业包括影响巨大的广交会一直在引导企业在展示企业名称和企业本身。这一问题凸显主办方没有站在客户的角度考虑问题,只求自身管理查找方便,实际上影响了参展方卖家和参会方买家的利益,最后影响展会品牌的声誉和口碑。

4.过多强调产品和生产背景

企业的说明书沿用按照传统思维上过分介绍企业和生产产品的背景。买家最关心的是产品有什么特性和特点,而不是企业工程师和生产线的数量,更不关心企业的法人是谁。举例说明,比如A展位厂家的宣传资料里着重宣传企业现有10条生产线、20名工程师、100名工人。殊不知B展位的厂家生产同类的产品,拥有20条生产线、40名工程师、200名工人。如此宣传订单花落谁家,自然分晓,A展位厂商就属自取其辱、自掘坟墓。参展的企业要突出强调自己产品的特殊性,同时还要用一个好记的名字作为品牌,此外再用一个简洁醒目独特的标识作为品牌LOGO。这一点展会主办方有义务进行教育和辅导。

三、两点建议

中国作为世界的工厂，中国制造通过展会链接海外买家。中国已是全球最大的贸易国，广交会应该有更大的作为。如果能借鉴国外展会成功的经验，大胆创新、不断开拓，将广交会打造成更具影响力的进出口产品的展销平台，对大而不强的中国展览业将会起到一个标杆示范。根据以上分析提出如下两点建议：

1.展览主办方不能只以卖掉展位招商成功为目标，要提供专业、现代、高效的会务服务；同品类的厂家要严格控制，以避免过度竞争。

2.展会参展方要突出展示产品的品牌，无须重点宣传企业和企业名称；产品说明书要说清产品与众不同的特点，不必过多描述生产背景。

只有展示宣传产品品牌，参展方才能高效开发出更多的客户，收到展示的效果；参会方、买方找到有市场潜力新产品和高性价比的产品，才会获取更多的利润。买卖双方都实现了各自的目标，展会的口碑和影响力就会不断扩大，进而展会的品牌就会树立起来。只有打造了众多有国际影响力的世界级展会品牌，我们的国家才能从展览大国走向了展览强国。

一句话，展会品牌化之路就是中国展览业的强国之路。

写于2016年11月

修改于2023年11月

进博会的意义

首届中国国际进口博览会从2018年11月5日到10日在上海召开，这是中国第一次举办国际进口博览会，吸引了172个国家、地区和国际组织参会，来自五大洲的3600多家企业参展。

习总书记在开幕式上发表了主旨演讲："中国经济是一片大海，而不是一个小池塘"，"经历了无数次狂风骤雨，大海依旧在那儿！经历了5000多年的艰难困苦，中国依旧在这儿！面向未来，中国将永远在这儿！"

总书记的"大海论"，描绘了中华民族海纳百川的开阔胸怀，也形象地表现了中国和中国经济的坚韧不拔。总书记表示："中国的改革开放不会停步，中国对外开放的大门会越开越大"。

2018年11月7日在上海进口博览会仔细观展参展一天，期间所见所闻所感颇多。跳出产品层面和一般展会的观察，我看到了上海经济更辉煌的明天和中国经济健康有序的未来。进博会不仅仅是向外界提供了一个强有力的更加开放的信号，也将带给上海、中国和世界深远的影响。何以见得，其意义何在？现从五个方面进行分析探讨。

举办进口博会对于中国来说是一个有力的姿态,更是一个充满智慧的大招,其意义如下。

一、中国将成为世界进口真正强国

在中美贸易摩擦的当下,审时度势,顺势而为,借势扩大中国的进口,向全世界表明中国愿意也希望进口更多的国外产品,包括美国的产品,化解了中美之间的部分矛盾,同时满足人民对美好生活的追求和要求;展示了中国拥抱全球化的实际行动,自信地表明中国作为当今世界上最大的市场之一,也会成为与美国一样的世界进口大国和强国。

二、进口将和出口同等重要

2017年中国出口15.33万亿人民币,进口达12.46万亿人民币。中国进出口商品交易会,也就是广交会展馆总建筑面积110万平方米,其中室内展厅总面积33.8万平方米、室外展场面积4.36万平方米、境内外参展商2.5万家。首届中国进口博览会的展馆面积便达到30万平方米,到会国内外采购商超过45万人。可以预见不久的将来,报名参加进博会的展商将会大幅增加。中国巨大的消费市场对世界上的买家,尤其是从未进入中国市场的出口商极具吸引力。

三、有利于中国全面合理进口

每年春秋两季广交会为世界数以万计的买家提供了面对面选购的机会，阿里巴巴等平台又为世界的买家提供了绝好便利的筛选客户以及货比数十家的权利，让包括美国在内的采购商买到物超所值的中国产品。同样每年进口达2万多亿美元的大中国，因为没有为进口商服务的网上"阿里巴巴"，中国买家常常无法进行比价，当冤大头高价进口国外产品已不是小概率事件。这对中国的消费者不公平，对中国进口商不公平，对中国国家就更不公平。可以预见不久的将来，进博会的参展商数量会不断增加，中国进口商和买家可选择的余地也将扩大，花同样的钱会为国家的建设引进更加先进、物有所值的物资，中国的老百姓也将买到价廉物美的海外商品。

四、将引领中国展览业快速发展

德国莱比锡博览会、意大利米兰国际家具展、巴黎航空展、美国拉斯维加斯五金展、日本东京国际包装展等等，这些著名的展会不仅为买卖双方提供了合作的机会，也拉动了这些国家和地区经济的蓬勃发展。中国最大城市的上海，将会因主办进博会而进一步加快展览经济发展的步伐，进博会将是上海的又一张耀眼的名片。中国目前是展览大国但不是强国，当下第一大展的广交会如果不坚持与时俱进、爱拼才会赢的精神，积极进取，中国国际进口进博会取而代之成为中国展览业第一展的可能性已是依稀可见。

五、加快中国国际化全球化进程

因为参展商不只是在展示商品，同时也是在展示不同的文化。进博会将促进中外经济文化交流合作，作为中国最具国际化的大上海，将吸引更多的国外企业、产品和人才进入。进博会用她宽广博大的臂膀拥抱来自世界四大洋五大洲的客商和宾朋，上海的国际化程度进一步提升，中国也将成为世界更加开放和高度国际化的现代强国。

2018年只是中国进口商品博览会的首秀，成果丰硕，已让人心花怒放、喜出望外。相信今后的进博会一定会呈现更多的精彩，期待上海每年的深秋。

写于2018年11月

海外办展　天广地阔

众所周知，企业是"一带一路"建设的主体，在过去的十年里中国企业已经在"一带一路"建设上发挥了重要的作用。针对企业而言，从开拓产品市场、优化产业结构，到获取经济资源，突破贸易保护壁垒，"走出去"是必然选择已成为不争的共识。尤其是面对当下贸易保护主义抬头、中美贸易摩擦持续、中国成本优势减弱等因素制约和影响企业的正常运营，加快"走出去"的步伐显得更加重要。企业"走出去"，首先走向"一带一路"共建国家。如何"走出去"？举办海外中国产品展就是最有效途径之一。

一、现有状况

经过改革开放四十年的高速发展，中国已经成为"世界工厂"，也成为世界贸易第一大国。但时至今天，全世界范围有影响的主要的展会，绝大部分展览不是中方主办，我国企业多以购买展位参展的配角出现。作为"一带一路"建设的核心力量和这一伟大倡议实施的主力先锋，中国企业要将自己的制造能力、技术能力、建设能力等进行充分展现,在这些国家积极主动主办中国产品展览就显得尤为必要和重要。

二、具体分析

随着"一带一路"倡议不断深入人心,中国在世界范围的影响力不断提升,作为全球第二大经济体世人已皆知,这为我们在海外主动创办举办中国产品展提供了前所未有的有利条件和机会。这些国家对中国的制造能力和产品的竞争力有目共睹,利用这些优势及时用全局的眼光和国际视野进行展览布局将会起到如下的效果。

1. 展会将成为一个经贸平台和展会品牌

设想在一个国家常年举办中国产品展,如"阿拉木图中国机电产品展",每次挑选和邀请有代表性的中国企业带去有特色的产品参展。展会前进行精准的营销推广,展会期间组织各种论坛、发布会、买卖双方对接会等,展会后加强互访等深入沟通,只要持之以恒,不断举办,若干年后这个展会就成为一个展会品牌,中国的优质产品也会进入这些市场,中国展会就将成为"一带一路"倡议的支点和亮点。

2. 助推适销对路的优质产品"走进去"

展会要改变以往传统的先报名优先参展的简单模式,因为展会是经过精心设计且有针对性的国际展会,参展企业的产品必须符合相关要求，严禁利用补贴申请摊位再转手倒卖等现象发生。首先，参展的产品应该是展会根据当地市场进行了前期调研有市场潜力和刚需的产品；其次，展会主办方需提前与潜在采购商和买家进行沟通；最后，主办方以邀约方式邀请有适销对路产品的企业参加，同时要兼顾国内地区的平衡，如每个省区市限定名额，同类产品只挑选一两个企业参加，避免在展会上出现恶性竞争。

3. 有利于有序引导组织企业"走出去"

为了加快推进"一带一路"倡议的实施，负责经贸投资的政府部门和有关协会等组织要为企业"走出去"制定相关的鼓励政策外，还要创造性地搭建经贸舞台，让更多的企业主动踊跃积极参与。展会是营销最有效的方式之一，也是直观有效的平台和舞台。

我们要改变仅依靠现有展会的保守观念，更大胆地解放思想，要有战略有规划有步骤地在全球范围"一带一路"共建国家设计有特色的中国产品展，助推中国企业有市场、有客户、有目标地走向走进国外市场。主动设计和创办符合中国产品的特色展会，就会掌握市场营销的主动权和展会的话语权。因为有了一系列中国产品展，各地商务厅或有关协会等就会有组织、有秩序地引导本地企业积极有效地走出国门。

三、具体建议

建议由中国贸促会或行业协会总会牵头设计，CCG全球化智

库协助，先以工业品如机电产品为展会突破口，选择靠近中国的亚洲国家如哈萨克斯坦、乌兹别克斯坦、缅甸、菲律宾等国家举办中国（工业）产品展。

写于2018年12月

圣多明戈展会的启示

——展览应该展什么？

2016年11月26日，有幸随中国贸促会代表团在当时还未与我国建交的多米尼加共和国首都圣多明戈参加贸易展览会。还没开展，一头驴就给我上了一课，而且还心甘情愿，也心悦诚服。那天展馆内布展在有序进行，搭建人员上蹿下跳，看上去工作热情颇高。11月的加勒比，空气中弥漫着温暖的气息，承办方为了防暑降温，不知从哪里搬来一台大风扇，风力果然了得，距离20米开外都享受到了飘来的凉爽，微风轻柔地把人吹拂得心旷神怡。顺着风向望去，一台黑色的大风扇安稳地立在不远处，风扇中间的标牌一下子紧紧吸住了我的眼球，那是一头撅着屁股的驴BIG ASS。设计得着实巧妙，英文ASS有驴、屁股等多重意思，能直接翻译大驴，也可文雅地译成丰臀，一语双关。就是说风扇的品牌名BIG ASS既是"大驴"，也是"丰臀"，太富有想象空间了。不论怎么翻译，英文就是"BIG ASS"。是大驴也好，丰臀也罢，看过的人都会记住这个独特品牌，相信这辈子都不会忘记。为什么？因为品牌名实在太独特，驴的标牌画面也十分醒目。

应该怎样参展和布展才能让客户记住产品的品牌名？这头大驴或丰臀，已经给出了答案。首先，得让人记住，记住了才能进行传播，有传播才有营销，有营销才有购买。怎样才能记住让人过目不忘呢？品牌名称必须是独具特色的、与众不同的、最好是无中生有的，比如"红牛"。《圣经》箴言中说：宁择好名，不选巨财。古人云：赐子千金，不如赐子好名。可见名字有多么重要。

多年来，中国的展览业一直沿用计划经济时代传承下来的惯性思维，本能地把企业的名称标在展位最显著和宝贵的上方，这实在是浪费了最好的资源。这样布展只是便于主办方管理，对参展企业产品营销能起的作用微乎其微。经过改革开放四十余年的发展，中国已经成为世界的工厂，布展的材料和方式都有了长足的提高，展场展位的设计和搭建也可圈可点，可一旦与世界级品牌展会相对照，就会发现还有相当大的差距。其主要体现在思想观念和营销思维还没有完全从旧的计划经济的时代的框框中走出。如何办展、布展、参展才会取得最佳的营销效果？既要想客户之所想，更要想客户之所未想。一句话要站在客户的角度，站在第三方的位置去思考问题。走进展馆的买家绝大多数是寻找适销对路、物有所值的产品，目的不是去购买企业。既然如此，展位上的企业名称就没有存在的必要，换成产品的品牌名更有实际意义。几十年来国内的展览业一直习惯地理所当让地把企业的名称刻意展示在展位最显著的上方，能起的作用只是便于主办方查找和管理。试想我们中国人自己都记不住这些企业的名字，海外买家可想而知就更难记住。

这次参展的中国企业中，按规模和影响力华为算是一哥，中兴就是二哥。出来闯世界，就要向哥哥们学习。看看这两位哥哥的展台有多么精致，再检查下自己的展位有多杂乱。华为和中兴的布展就有国际范儿，整洁有序，清晰明亮，大气豪迈，反观其他参展企业，产品的品类过于丰富。实际上，自己怎么想一点都不重要，客户怎么想才是关键。为此，建议参展的企业的产品不易凌乱，少而精最好。企业不能做成杂货铺，无须做到应有尽有。其实，海外参展的企业本来已有一定的高度，可展示的品类过于杂乱，生生主动地把自己打扮成杂牌军。牌杂就有乌合之众之嫌，杂牌就显得不专业，也不符合少就是多、多就是少的大智慧。有人说华为在展示企业名称，事实上华为也是其产品品牌的名字。企业名和产品名为同一个是最佳选择。此外，厂商不要过多介绍企业的背景，客户最关心的是产品有何与众不同，不太会在意你有几条生产线和多大厂房。

圣多明戈展会上这头驴让人过目不忘的道理就是采用了独特的品牌名和醒目的品牌LOGO视觉设计，从这一头驴身上学会了展览应该展什么。

1 国际会展

大驴的照片

布展要突出：产品品牌　无须突出宣传企业名称

手册要说清：产品特点　不必刻意提及生产背景

写于2016年11月30日

>> 2 文旅传播

文痴耕讀

入境游与出境游

入境游和出境游哪个更重要?

出境游人数全球第一值得骄傲吗?

入境游发展缓慢需要反思吗?

中国出境旅游规模消费额持续排世界第一值得骄傲吗?走出国门,扬眉吐气当然值得自豪!改革开放四十余年,国家发生了翻天覆地的变化,社会主义现代化建设取得了举世瞩目的成就,今天我国已经发展成为世界第二大经济体,人民的生活水平得到前所未有的提高。国家强盛了,百姓富裕了,出国旅游就成为我们幸福生活的一部分。在享受了国家发展、经济腾飞带给人们美好生活的同时,还要清醒地认识到我国当下还仍处在发展中国家阶段,与发达国家相比还有很长的路要走。以旅游业为例,中国是一个旅游大国,但至今还不是旅游强国。与邻近的韩国和日本的旅游业对比,就可以看出存在的巨大差距。

出境游人数超过入境游是一个旅游强国的标志吗?绝对不是,恰恰相反,一个国家只有当入境游人数超过出境游时,才算走上旅游强国的之路。出境游是花钱,是大量外汇的流失,带动的是目的地国家的经济；而入境游是赚钱的，能创造大量的外汇收入，搞活的是自己国家的经济。

中国旅游研究院正式发布的《中国出境旅游发展报告2020》显示，2019年我国出境游市场规模达到1.55亿人次，比2018年同比增长了3.3%。出境游客境外消费超过1338亿美元，增速超过2%。出境游快速增长，而入境游长期增长缓慢，旅游形成巨大逆差，造成大量的外汇外流。这种现状不利于国家现实和长远利益，应引起国家有关部门的高度重视。

韩国总面积约10.329万平方千米，为中国国土面积的1.07%；截至2022年6月，韩国总人口约5200万，约为中国的3.7%。日本总面积37.8万平方千米，为中国的3.93%；截至2022年5月，总人口约1亿2505万人，约为中国的8.93%。

《中国旅游报》2020年1月17日："据韩国媒体报道，2019年到访韩国的外国游客数预计达1750万人次"；据《日本时报》报道，2019年日本全年入境海外游客达3120万人次；中国旅游研究院发布《2019年全国旅游市场基本情况》，外国人入境中国大陆3188万人次，与日本持基本平。

全世界公认韩国在入境旅游、旅游创汇等方面均获得了非常瞩目的成绩。早在1996年，韩国入境国际旅游者达381.5万人次，旅游创汇63.15亿美元，占世界份额的1.49%，列世界第17位。出境旅游者1995年达381.9万人次，首次超过入境旅游者，距今已有28年，可以看出，中国入境游落后韩国至少30年。这需要反思，更需要借鉴和学习。首先，要调整我们的观念，不要掩耳盗铃，更不能为了混淆事实，把入境和出境的数据混在一块统计，给自己和政府一个错觉，好像我国已经是世界第一旅游强国了，误导有关方针的制定。

据了解"20世纪60~80年代，韩国始终将入境国际旅游和国内旅游作为重点发展对象，防止旅游美元的大量外流，保证了国内旅游收入的增长[①]。为此，在近20年时间里，韩国政府以法律手段禁止出境旅游。即使1980年出国旅游禁令解除，仍在出游形式、内容、年龄等方面加以具体限制。直到1989年才全面取消对出国年龄、护照签发、旅行次数和时间长短及出国携带外汇数量等的旅行限制。韩国旅游业之所以成功其经验在于：强有力的规划，富有魅力的旅游产品，有力的旅游宣传促销，多层次的便捷的旅游交通。"韩国旅游业已经成为国民经济中发展最迅速的产业之一，并正朝十大战略产业目标努力。

旅游业是朝阳产业、民生产业，是正在培育的国民经济战略性支柱产业和现代服务业。加快发展旅游业，是适应消费升级和产业结构调整的必然要求，对于扩就业、增收入，推动我国中西部发展和贫困地区脱贫致富，促进经济内循环平稳增长意义重大。

我国幅员辽阔，资源丰富，但旅游管理和战略设计水平还亟待提高。出境游人数增加值得骄傲，入境游人数加速提升才更值得骄傲。建议和希望我们的旅游管理部门及时制定相应的旅游政

---

① 静海一派《小韩国大旅游，旅游业成为韩国的核心产业》

策，有效管控出境游，同时大力加强入境游和国内旅游的规划、产品和促销等投入和研究，同时建议把中国的旅游业上升到国家的战略产业的高度。

写于 2023 年 7 月

用怎样一句话来推介中国？

吸引更多的国外游客来华不单单是一个旅游业务，也不仅仅是为了中国从旅游大国走向旅游强国。大力发展入境游也是让世界走进中国、了解中国，进而理解中国现实的迫切需要。从未来过中国的外国人，大多只能从西方政客和利益集团控制媒体丑化污名化虚假的报道中了解中国。多年来，欧美等国利用手中掌控的媒体和舆论工具宣传不断全方位地抹黑和歪曲我国的政治、经济、文化等，造成国外绝大多数未来过中国的人不了解中国、误解中国，甚至对中国存在不少错误的认识。二十年前的一天，我在北京新大都酒店参加一个会议，清楚地记得有五位来自加拿大的先生们都是第一次访问北京。那天其中一位中年先生在台上坦率地说："我来之前以为中国人还留着长长的辫子"。2022年和一位在北京工作的萨尔瓦多朋友聚餐时他透露一件个趣事，中国与萨尔瓦多建交后，第一次来华担任萨尔瓦多驻华大使先生站在现代化的北京街头发出惊叹："这是一个社会主义国家吗？"。北京的开放程度和城市发展已具世界水准，至今绝大多数萨尔瓦多人可能还都认为北京城远远落后于拉美国家的许多城市。眼见为实，耳听为虚。怎样宣传和推介才能打动国外的潜在游客，先让他们中国感兴趣，进而来华旅游呢？用怎样的一句话能把中国与世界上其他国家都不同的特殊之处说明白至关重要。

2019年3月22日下午，在意大利众议院，习近平主席同意大利众议长菲科举行会晤。临近结束时，习近平主席对菲科议长说"欢迎你到中国去！看看一个古老而现代的中国，看一看勤劳智慧的中国人民。"古老而现代的中国，也就是说，中国是一个既古老又现代化的国家。

我从好友厚德定位创始人于雷先生那儿获悉，已故著名的美国战略营销专家定位之父杰克·特劳特先生也曾在一个非公开的场合对中国做过一个国家旅游定位提出一个建议：**现代化古国**。特劳特先生的提议与习近平主席的讲话不谋而合，**现代化古国**不正是说明中国是一个古老而现代的国家吗？

现有的定位状况：

中国国家旅游研究院曾提出"美丽中国"的旅游定位，过于空泛，不足以打动潜在的海外游客。围绕美丽中国、中国美丽营销，难以激发前来中华大地旅游的热情和愿望。因为美丽一词不仅仅属于中国，也属于所有的国家，属于全世界。大谈美丽是难以激起国外对中国的兴趣。而现代化的古国目前全球只有一个，那就是中国。对**现代化古国**感兴趣的游客只有到中国旅游才能亲眼所见。

入境游现存的问题

中国的出境游已多年保持全球第一，每年花费外汇达千亿美元，为世界各国和地区作出了巨大贡献，我们为国人富裕自豪，也为国家的外汇储备担忧。中国长期以来入境游对比全球其他国家的蓬勃发展相形见绌，多年来华游客增长缓慢，造成这种局面原因是多方面的，其中最重要的原因之一是现有的国家旅游定位不清晰。

国家旅游定位分析

中国既有5000年灿烂的文化、众多历史古迹如唐代的长安、兵马俑，世界第七大奇迹万里长城；还具有现代化国家的特质：高铁、高速公路、微信支付、支付宝；国际化的大都市上海、北京、杭州、深圳……这些构成了在全世界范围绝无仅有的既有现代化的元素又有古老国家的文明，这就是新与旧，现代化古老中国国家旅游独有的魅力。

四大文明古国还剩中国和印度，当下印度的现代化进程落后于中国。中华5000年的文明全球共睹，四十多年的改革开放取得的巨大成就更是全世界瞩目。中国的国家面貌今非昔比，既有古老的历史，又有现代化的当下，当今世界绝无仅有。两个独一无二，构成了全世界范围内唯一一个既有古老历史又有现代文明的国度。换言之，全世界只有到中国才能穿越5000年，又能近距离体验当今的现代化。世界范围称得上现代化古国的只有一个国家——中国。

前面的分析充分证明，习近平主席关于中国国家旅游的定位——中国是一古老而现代化的中国，精辟；营销定位大师特劳特先生给中国国家的旅游定位——**现代化古国**，精准。

营销存在的问题

长期以来，中国的旅游对外宣传缺乏一个主线，主要原因就是定位不清晰，因为不清晰导致年年换主题，推出不同的嘉年华。此外，时至今日中国还没有一个专业化的国家旅游营销机构，无法开展统一的宣传，各地区各部门各个旅游企业各自为政，难以形成强大的影响力。为此建议由国家文化和旅游行政主管部门统筹协调文化旅游行业协会、文化旅游企业等市场核心资源，成立专业化的旅游营销机构，在全世界范围统一推广中国国家旅游定位。同时组织国内入境旅游机构全力打造能代表和体现古老和现代化的旅游产品。当世界逐步认同接受中国就是**现代化古国**时，相信会有越来越多的国外游客前来中华大地，中国就会成为全世界向往的旅游目的地国，中国的入境游才会有较大的改观。

特别需要注意的是，当一个国家的旅游定位确定之后就要长期的坚持，不能随意变动，必须要像"一带一路"一样成为长期的倡议，只有这样中国——现代化古国才会被世人接受和认可，中国才有可能在大服务业产业——旅游业中有大的作为。

具体营销建议

1.文化和旅游部负责入境游的相关部门和从事入境游企事业旅游宣传机构要坚决贯彻宣传习近平主席关于中国国家旅游定位

的精辟论述,坚持长期对外宣传和营销——中国是一个**现代化古国**。

2.国内入境旅游机构精心打造体现中国古老的历史和现代化文明的旅游产品。

写于2019年3月

>> 3 城市战略

城市政治

打造全球最大的医疗旅游岛

赋予海南经济特区改革开放新的使命,是习近平总书记亲自谋划、亲自部署、亲自推动的重大国家战略。建设中国(海南)自由贸易试验区(以下简称自贸试验区)是党中央、国务院着眼于国际国内发展大局,深入研究、统筹考虑、科学谋划作出的重大决策,是彰显我国扩大对外开放、积极推动经济全球化决心的重大举措。党中央决定支持海南全岛建设自由贸易试验区,支持海南逐步探索、稳步推进中国特色自由贸易港建设,分步骤、分阶段建立自由贸易港政策和制度体系。如何理解并实施分步骤、分阶段取决于海南的自由港的战略定位,现分析并提出一点建议如下。

现有自由港定位

海南自由港的战略定位必须鲜明独特,要与全球范围现有的三大自由港香港、新加坡和迪拜有大的不同。

香港与纽约、伦敦并称为"纽伦港",是全球第三大金融中心,重要的国际金融、贸易、航运中心和国际创新科技中心,也是全球最自由经济体和最具竞争力城市之一,在世界享有极高声誉，被GaWC（全球化与世界级城市研究小组与网络）评为世界一线城市第三位。

新加坡是一个发达的资本主义国家，被誉为"亚洲四小龙"之一，其经济模式被称为"国家资本主义"。根据2021年9月24日，第30期《全球金融中心指数》报告发布，美国纽约位居榜首，英国伦敦位居第二，中国香港位居第三。新加坡是继纽约、伦敦、香港之后的第四大国际金融中心。新加坡也是亚洲重要的服务和航运中心之一，被GaWC评为2022年世界一线城市第五位。

迪拜位于中东的中央，是该地区的经济金融中心，也是中东地区旅客和货物的主要运输枢纽。石油收入促进了迪拜的早期发展，但由于储量有限，生产水平较低，2010年以后，石油产业只占到迪拜国民生产总值的5%以下。继石油之后，迪拜的经济主要依靠旅游业、航空业、房地产和金融服务。

海南自由港定位

全球目前香港、新加坡和迪拜三大贸易港的面积分别为：香港管辖陆地总面积1106.34平方公里，新加坡面积约628.35平方公里，迪拜面积3980平方公里，海南面积35400平方公里。在3.54万平方公里的范围内建设自由贸易港前无古人，海南具有海岛面积以及特有的后发优势。

2000年国家曾提出建设国际旅游岛，2009年上升为国家战略。国际旅游岛建设推动了海南以旅游为主导的现代服务业发展。

中央给海南的战略定位要求是"三区一中心"：第一，海南是新时代全面深化改革开放的试验区；第二，海南是全国生态文明试验区；第三，海南是国家战略保障服务区；第四，海南是国际旅游消费中心。

战略步骤

当下国家对海南的最终战略定位是：自由贸易港。鉴于目前的整体经济基础并不雄厚，海南打造"自由贸易港"不宜采取"全面开花"的不现实做法，建议集中力量重点突破。当下也不宜过早过多地宣传最大自由港的目标，以避免欧美国家会不遗余力地进行抵制，建议先打造"**全球最大的医疗旅游岛**"，在不知不觉中让海南形成自身独特的优势。

举例为证，中国建材集团世界500强的地位不是一天打造成的，先是经过聚焦发展率先成为中国和全球水泥最大供应商，接着打造水泥设备最大的提供商，水泥板块牢牢站稳世界第一之后，又进军玻璃行业，成为玻璃生产全球最大的企业集团，大功告成后再涉入玻璃纤维领域。就是说采取成功一个之后再开始下一个目标的分步策略。当时若同时推出这些板块，中国建材集团就不会有今天这样成功。

根据同样的商业逻辑和经济规律，海南自由贸易试验区建设，建议采取"三区一中心"同时启动，依次推进，重点突出，就是集中调动全省、全国乃至全球的资源率先打造国际旅游消费中心。为与其他国家和地区的旅游消费中心进行区隔，可先提出第一步将海南打造成"**全球最大的医疗旅游岛**"。如果海南能在世界范围抢占并树立起"全球最大的医疗旅游岛"心智资源，先聚集人气，就有可能建立起海南的第一个品牌。只要先打造出成**"全球最大的医疗旅游岛"**，就可能建成医疗旅游消费中心，接下来才有进一步发展成为国际旅游消费中心的可能，最后一步就能建成全球最大的自由贸易港。

如何打造成"全球最大的医疗旅游岛"？

全球最大的医疗旅游岛首先是面积足够大，当今世界范围面积超过海南并被称为医疗旅游岛的还不存在，这就是海南的机会。要成为全球最大的医疗旅游岛、最好的医疗健康的重要基地，就要有具备如下资源和条件：

1.最多最全最先进的医学院校、科研机构；

2.国内外知名医院、专科医院、康复中心；

3.最现代化的医疗器械、养老机构、体检机构；

4.知名连锁酒店、度假村；

5.全球主要国家的特色小镇；

6.众多的购物中心、娱乐设施等；

7.其他。

根据打造**"全球最大的医疗旅游岛"**的设想，或许可以做如下布局：

三亚：拥有全球最全最多的医院岛；

海口：拥有全球最多最全的医学、药学院等医学城；

博鳌：全球最先进的养老养生岛；

其他市镇：全世界各个国家特色的小镇。

根据党中央分步骤、分阶段的指示，采取第一步打造"**全球最大的医疗旅游岛**"，招商引资、人才引进、基础配套等就变得清晰，整体推进就会高效。现任省委书记具有研究生学历，又拥有医学博士学位，具有医疗招商引资、营销路演等得天独厚的特有优势。总之，海南具备打造"**全球最大的医疗旅游岛**"的天时、地利和人和。"**全球最大的医疗旅游岛**"品牌一旦建成，将会吸引国内外的游客前往海南度假、疗养。

具体建议

针对关于实施贯彻海南自贸试验区总体方案，建议海南自由港的建设第一步要先定位：将海南打造成为"**全球最大的医疗旅游岛**"。

写于2019年2月

沈阳该怎样振兴？

一个城市采取哪种发展模式是由多种因素综合决定的。纵观世界城市的发展史，迄今为止主要有三种模式：市场主导型、政府主导型和混合型城市发展战略模式。我国坚持走中国特色社会主义市场经济发展道路，这一大政方针决定了我国的城市发展战略采取政府和市场共存的模式，实践证明，这种模式也符合当今现代城市发展的大趋势。

城市发展战略是城市的发展目标，是城市管理中具有全局性、方向性的根本大计，对城市发展具有长远性、总体性的指导作用，是城市各项工作的指南和纲领。需要说明的是，城市发展战略和城市建设规划不可混为一谈，前者是城市的战略定位，后者是城市的基础设施建设，后者服务于前者。

现代城市不仅是产业要素或产业群集聚的平台，同时也是现代社会化大生产分工发展的平台。按照现代分工发展的要求，针对中国在城市发展道路的选择和城市产业类型定位上，需要考虑以下因素：

第一，要从经济全球化和中国正在建立统一大市场的背景下，基于新一轮产业分工，思考自身城市分工格局；

第二，要从地方的竞争优势上，制定城市的产业发展战略。

初步研究发现，中国现有城市的发展战略普遍存在"大而全"的状况，缺乏明确的具体的方向性。此外，部分地区还存在政府换届后就调整发展战略的现象，其结果造成城市发展战略不断变化和摇摆，导致城市缺少鲜明的一致的战略定位。没有长期聚焦，缺乏连续投入和积累，产业就无法形成规模和竞争力，经济发展难以走上持续增长的轨道。因此，无法打造出一个具有鲜明特色的城市品牌。现以东北最大的城市辽宁省沈阳市的战略规划为例进行如下分析。

一、存在的问题

（一）城市发展战略大而全　方向目标模糊不明确

2017年2月9日沈阳市人民政府发布《沈阳振兴发展战略规划》(以下简称《战略规划》)，内容为"五位一体"总体布局和"四个全面"战略布局，以"五大发展理念"和"四个着力"为根本遵循。《战略规划》中振兴战略包含国际化战略、区域一体化战略、城市空间战略、产业多元化战略等。按照原有的战略规划，到2020沈阳要成为引领实现东北振兴发展的中心城市，到2030年应成为东北亚地区重要的国际中心城市。可是现在已经2022年，实事求是地讲，2020年的目标难说已经实现，2030年的目标是否能如期实现值得关注。

竞争战略之父迈克尔·波特在《什么是战略》一书中指出：真正的战略应以定位为核心，对运营活动进行取舍，建立独特的配称。纵观《战略规划》的内容表述可以看出沈阳市政府发展振兴的坚定决心，但是内容详实全面中缺少一个鲜明清晰的主攻方向。"引领实现东北振兴发展的中心城市"的衡量标准是什么？这样的战略定位是模糊的、虚幻的，是无法考核或随时考核都可以过关的弹性表述。战略不是面面俱到，战略应该是具体的、显而易见的，与众不同的。大道至简，沈阳发展战略需要选择一个清晰的、明确的主攻方向。"中心城市""国际化智造名城"这类定位，不是一个城市所能独占，因此不可以作为发展战略。战略是独一无二的，例如，义乌是全世界最大小商品集散中心，这个战略定位是成立和成功的。再如乐清市是中国的电器之都也是众望所归、名副其实。至于"宜居城市""创新城市""数字城市"是所有城市必须做到的，是最基本的要求，因而不能作为城市发展战略。

（二）城市发展战略缺乏连续性、长远性

中国城市目前还存在的一个问题是，即使有了发展战略，一旦换届，继任者往往不愿意在前任的基础上继续耕耘。为了凸显自己的新政绩，便放弃已有的发展目标，另辟蹊径，常会提出所谓的新的发展理念。这种变动将极大破坏城市既定的方向。城市

发展战略一经制定，就要一以贯之，就要长年累月地聚焦、积累和坚持。中央政府应当明确规定城市的领导人的职责是围绕既定的战略目标，进行运营配称，不断改善营商环境，制定更多更有效的政策法规。城市的领导人不是城市当然的战略制定人，只是城市已有发展战略坚定的维护者、推动者。如果每个人领导人都提出自己的城市发展战略，城市的发展便会随着换届走到不同的方向，其结果就是城市经济发展形不成真正的突破。中国的城市数量高达672个，如果每个城市都举全市之力，集中人力、物力、财力，像国家打造"大飞机公司""发动机公司"一样，专心打造属于自己城市的有独特优势的产业和产业链，都能打造出产业中属于本市的品类品牌，假以时日，中国将出现众多的特点鲜明的品牌城市。

二、城市发展战略的制定

沈阳的《战略规划》中指出：经过十多年的努力，沈阳老工业基地振兴取得了阶段性成果，经济总量迈上新台阶，结构调整扎实推进，国有企业竞争力增强，重大装备研制走在全国前列，社会事业持续发展，民生明显改善，进入了老工业基地全面振兴的新时期，但振兴的目标尚未完全实现。国家对东北三省的设想：在2030年成为具有国际竞争力的先进装备制造业基地和重大技术装备战略基地，国家新型原材料基地、现代农业生产基地和重要技术创新与研发基地。

沈阳应在东北三省中担当怎样的角色？沈阳是塞外重镇，也曾经是中国工业的摇篮和共和国的装备部，成为先进装备制造业重要基地和重大技术装备战略重要基地之一责无旁贷。如何实现上述目标？分析如下：

沈阳现有的明星制造业企业中，华晨宝马虽然是沈阳第一纳税大户，但打造的永远都是德国BMW品牌，此外汽车也不属于装备制造；业绩突出的特变电工沈阳变压器有限公司是新疆特变电的下属公司；沈阳飞机工业（集团）有限公司是中航国际的分支机构；沈阳三一重型装备有限公司隶属总部设在湖南长沙的大型民营企业三一集团；中国航发沈阳黎明发动机有限公司是中央直接管理的军工企业；沈阳机床集团有限公司经过近20年的发展，曾经从名不见经传到经济规模跃居同行世界首位，可惜经营不善，亏损严重，经过重组，国资委所属央企——中国通用技术集团成为第一大股东。以上六家实力雄厚的公司均不属于沈阳人民政府可以掌控的企业，它们可以作为实现沈阳长期战略目标实现的有利支撑，但不适合作为沈阳长期战略规划的基石；初步研究认为，当下可以寄予厚望企业：沈阳鼓风机集团有限公司。

沈鼓集团是国内唯一一家集大型离心压缩机、大型往复压缩机、大型离心泵等三大类通用机械产品研发、设计、制造和服务于一体的专业化生产企业，具备承担振兴中国装备制造大业的基础，所面临的巨大挑战是国内另外一家类型相同、规模相近的企业——陕西鼓风机集团有限公司的激烈竞争。如果选定了沈鼓集团，兼并陕西鼓风机或彼此相互持股是解决未来问题的策略之一。

三、战略节奏

假设选择压缩机之城作为主攻目标，沈阳振兴的第一阶段的定位应该是：压缩机之城。开始阶段要采取集全市的人力、财力、物力在一点上突破，不易全面开花，以免造成人们认知的混乱，这是战略能否成功的关键点。一旦沈阳成为全国乃至全世界名副其实、首屈一指的压缩机之城，沈阳振兴便迈出坚实的一步。沈阳一旦成为全球毫无争议的压缩机之城，就可以开始打造第二个品牌：鼓风机……最后打造通用装备之城；沈阳成为全球先进通用装备之城便是实至名归。

四、具体建议

鉴于沈阳目前的整体经济基础人才储备并不雄厚，不宜采取"四面出击"这种不现实的做法，建议应集中力量在"压缩机"这一点突破，为此要集中调动全市乃至全省的资源率先打造压缩机之城。

全球最大的压缩机之城，需要具备如下资源和条件：

1.最多最全最先进最大的压缩机院校和科研机构；

2. 最多的压缩机制造厂家和最全的产业链；

3. 最有影响的全球压缩机展会和论坛；

4. 最大的压缩机工业产业园区；

5. 最大的压缩机博物馆；

6. 在世界众多国家和地区建厂；

……

根据打造"压缩机之城"的设想，或许可以做如下布局：

沈阳大学建议改名并组建：中国压缩机大学。这是国内独一所、全球第一个。与现存所有大学进行区隔，这样有利于吸引和引进全省、全国乃至全球范围压缩机人才，逐步形成世界范围培养压缩机领域人才的基地。

成立或建立中科院压缩机分院，抢占压缩机科研制高点，为未来的发展夯实技术储备基础。

利用税收等优惠政策全球范围招商引资，打造中国最大的压缩机工业园。

集中全市之力和金融机构等联手，扶植沈鼓集团加速兼并重组国内同类型企业。

对外宣传公关要坚定围绕"压缩机之城"展开，在全省全国范围内占据"压缩机之城"心智资源。

具体建议：沈阳城市定位——压缩机之城

采取上述步骤之后，沈阳的招商引资、人才引进、基础配套、"走出去"战略和践行"一带一路"倡议等就变得清晰，经济整体推进就会高效。沈阳具备打造"压缩机之城"的天时、地利和人和。建议将此类设想和建议上报，取得国家和政府有关部门政策的支持。

综上所述，城市发展战略要具体鲜明、独一无二。建议有关部门，如由国家发改委牵头对中国现有的所有城市发展战略进行一次全面、系统的梳理。如果每个城市都能制定一个既符合国家产业总体布局，又能结合自身优势、与众不同的精准战略，中国就会出现电梯之城、变压器之城、锅炉之城、造船之城等一大批鲜明的品牌城市。一个国家的强盛一定是经济的强盛；经济的强盛一定是企业的强盛；企业的强盛一定是产品品类的强盛，产品品类的强盛一定是品类品牌的强盛。可以大胆地设想，如果中国的每一个城市都能打造一个属于自己的优势产业，都有一个属于本地区的品类品牌，全国就会有672个不同的品牌，东北最大的城市沈阳也将脱颖而出实现振兴，中国就会成为名副其实的世界经济强国。

写于2022年6月

4 乡村振兴

共建"千品园"

2017年10月18日，习近平总书记在党的十九大报告中强调，中国特色社会主义进入新时代，我国社会主要矛盾已经转化为人民日益增长的美好生活需要和不平衡不充分的发展之间的矛盾。新农村建设是在我国总体上进入以城带乡、以工促农的发展新阶段后面临的崭新课题，是时代发展和构建和谐社会的必然要求。

2022年4月，中共中央、国务院联合印发《中共中央 国务院关于加快建设全国统一大市场的意见》，对加快建设全国统一大市场工作作出总体部署，这是以习近平同志为核心的党中央着眼全局，从战略层面作出的重大决策。

如何做到以城带乡加快农村经济社会发展？如何让亿万农民共享现代化成果，走具有中国特色的城市与农村共同繁荣的现代化道路？以下通过提出全国2861个县共同参与打造休闲购物园**千品园**，达到产品共同营销、共拓市场、共创品牌；通过扩大广大城市居民对各县优质产品的消费达到以城带乡同发展。更具意义的是，如能在国内主要城市周边合理布局，坚持长期耕耘，就会逐步打造出影响全国的"千品园"品牌，届时每一个县的优秀品牌都将从地方走向全国。当一个产品成为中国的品牌时，其规模化的效益将会呈现出来，离共同富裕就不远了，离全球品牌的距离也将越来越近。

2022年10月16日，习近平总书记在党的二十大报告中指出："全面推进乡村振兴"。全面建设社会主义现代化国家，最艰巨最繁重的任务仍然在农村。坚持农业农村优先发展，坚持城乡融合发展，畅通城乡要素流动。加快建设农业强国，扎实推动乡村产业、人才、文化、生态、组织振兴。建设全国统一大市场，为每一个县的品牌走向全国提供了一个前所未有的机遇。

现存问题

国际经验表明，工农城乡之间的协调发展，是现代化建设成功的重要前提。中国正在建设的小康社会，是惠及十几亿人口的更高水平的小康社会，其重点在农村，难点也在农村。我国幅员辽阔，相距遥远的地区彼此难有互通，即使是互联网发达的今天，因为缺少品牌影响力及有效渠道的制约，一个地区的产品不易被城市及其他地方所认知，难以形成规模化销售，自然无法形成规模化生产。一个县一个地区如果没有一个影响全省全国的龙头企业，没有一个响当当的品牌，不仅经济难有大的发展，农民收入上不去，衣食住行得不到改善，生活水平也无法提高，新农村建设取得实实在在的成果就难以实现。目前全国共有2861个县，分布在四面八方、大江南北，至今国内尚无一座能便于城市居民采购全国各县产品的购物休闲之地，没有一个全面展示和营销2861

个县最具特色产品的中心。

具体设想

如何让城市居民方便享用全国不同地区的特色优质产品？解决了这个问题，不仅将满足城市居民对高质量生活所需求，拉动内需，同时这些特色优质产品也将从各县走向全国。设想要求全国每个县只允许推荐一个最能代表该县特色和风貌的代表性的产品，并举全县之力进行扶持和支持，假以时日，这个产品将有可能成为这个县的代名词或名片。**千品园**园内每个省、自治区、直辖市拥有一座建筑，共有34座大型建筑，其中2861个县每县一厅，便利了城市居民的日常购买，每个县的产品也将顺势打开销路。更具长远的意义在于，如果全国范围建成100座**千品园**，不仅**千品园**会成为类似于万达城的全国性品牌，每个县的产品就相当于有了100家连锁店，产品品牌也将成功打造出来。2861种产品在全国境内统一大市场内实现大流通，不仅惠及全国所有县和主要城市上亿人口，解决数百万人就业，也将极大拉动内需，提高税收、物流、酒店、餐饮、旅行社等行业发展。代表每个县的产品品牌就像一盏灯，彼此灯灯相映，2861只灯交相辉映，越照越亮，将汇成耀眼的拥有千县产品的品牌**千品园**。

园区定位：一个拥有千县产品的休闲旅游购物乐园

品牌名称：千品园或2861

具体建议：建一个千品园　展示千县产品

1.每县严格筛选，只选一种，地方政府认真调研，推荐并全力扶持和支持；

2.先在一二线城市周边或远郊县选址建设，千品园内可采取一省一座大型建筑的方案，按照中国地图的相关位置总体设计布局，为日后拓展爱国主义教育、地理教学、休闲旅游埋下伏笔；

3.全国建设和招商一盘棋。委托或由知名大型房地产公司牵头，各级县政府、地方政府和国家国土资源等部委给予相关政策部门土地政策、税收、补贴等扶持和支持；

4.将全国范围的乡村振兴工作与千品园建设和运营紧密结合在一起；

5.国内一流的智库或专业的咨询公司提供全程园区战略咨询和产品品牌战略咨询服务。

写于2018年3月

修改于2022年12月

5 科技专利

建议职务发明归单位和个人（团队）共同所有

——关于部分修改中国（国家专利法）建议

浙江大学原副校长褚健案余音未散，清华大学教授付林涉贪被刑拘案又浮出水面。转型时期的科研成果转化等问题，将科研人员拖入产权漩涡中。行业领军人物、国宝级人才，风华正茂，本应为国为社会做出更大贡献，今天却沦为阶下囚，令人惋惜，是非曲直，法律自有公论。本建议不参与讨论具体案情，但这些事件中折射出的有关知识产权的归属等问题，值得思考，现只对我国现有的《专利法》中的职务发明提出一个具体建议。

现有《专利法》中职务发明的规定：

我国《专利法》第六条规定："执行本单位的任务或者主要是利用本单位的物质技术条件所完成的发明创造为职务发明创造。职务发明创造申请专利的权利属于该单位；申请被批准后，该单位为专利权人。

利用本单位的物质技术条件所完成的发明创造，单位与发明人或者设计人订有合同，对申请专利的权利和专利权的归属作出约定的，从其约定。"

《专利法》第六条所称执行本单位的任务所完成的职务发明创造，是指：

（1）在本职工作中做出的发明创造；

（2）履行本单位交付的本职工作之外的任务所做出的发明创造；

（3）退职、退休或者调动工作后1年内做出的，与其在原单位承担的本职工作或者单位分配的任务有关的发明创造。

《专利法》第六条所称本单位，包括临时工作单位；《专利法》第六条所称本单位的物质技术条件，是指本单位的资金、设备、零部件、原材料或者不对外公开的技术资料等。

国外职务发明现有法律规定

创新大国美国专利法规定，只有发明人或其授权人才有权申请和获得专利。这就意味着未经发明人允许，雇主不得自行申请专利。

制造大国德国规定：职务发明的原始权利属于雇员，只有在雇主根据法律规定提出有限或无限权利主张时，权利（非独占权利或全部权利）才转归属雇主。

工业强国日本规定：对于职务发明的专利申请权及专利权首先应归属于雇员发明人本人所有，雇主仅有权享有"通常实施权"。

创新强国以色列规定：发明人是当然的专利申请人，如果是发明人以外的人申请专利，则必须在申请文件中说明其是如何从发明人那里取得发明所有权的；此外，以色列专利法还规定，不管发明人是否为专利申请人，发明人都享有署名权，在合同中有关发明人放弃署名权的约定应属无效。

世界各国法律制度中存在"天然属于企业"和"天然属于发明人"这两种模式；我国属于前者，而美以德日等国则采用后者。

我国《专利法》总则第一条明确指出："鼓励发明创造，推动发明创造的应用，提高创新能力，促进科学技术进步和经济社会发展。"发明人对职务发明享有怎样的权利，这是影响发明人是否愿意积极进行科技创新的重要因素。我国已经进入了社会主义新时代，需要科技创新，同样需要法律创新。我国与西方发达国家在科技成果转化率方面存在巨大差距，其中一个重要原因就在于发明人在专利申请、专利实施方面动力不足。我国正在进行全民创新，万众创业，其中专业的科研人员是创新的主力军，他们最容易出成果，但如何调动和激发发明人的潜能和动力，需要在知识产权归属上做出思考。8小时之内属于企业，8小时之外的难说不属于自己。我国已经成为专利大国，但还不是强国。事实证明，只有赋予发明人以更多权利才能激励明创造活动，才能真正促进科技进步。

具体建议

发明人对职务发明享有怎样的权利，是影响发明人是否愿意积极进行科技创新的重要因素。设想如果我国大批的优秀科技人员部分拥有职务发明的产权，必将极大地激发他们的创新热情和

潜力，为国家社会企业创造更大的财富，这也符合我们倡导的共赢共同富裕的原则。为此建议修改《专利法》中职务发明的规定，

建议：职务发明归单位和个人（团队）共同所有，单位为主，比例双方协商。

备注：对于国家主导的重大项目如"高铁、大飞机、卫星等除外。

写于2017年11月

小资料

《拜杜法案》由美国国会参议员Birch Bayh和Robert Dole提出，1980年由国会通过，1984年又进行了修改。后被纳入美国法典第35编（《专利法》）第18章，标题为"联邦资助所完成发明的专利权"。

在《拜杜法案》制定之前，由政府资助的科研项目产生的专利权，一直由政府拥有。复杂的审批程序导致政府资助项目的专利技术很少向私人部门转移。截至1980年，联邦政府持有近2.8万项专利，但只有不到5%的专利技术被转移到工业界进行商业化。很多人认为，政府资助产生的发明被"束之高阁"的原因在于该发明的权利没有进行有效配置：政府拥有权利，但没有动力和能力进行商业化；私人部门有动力和能力实施商业化，但没有权利。

《拜杜法案》使私人部门享有联邦资助科研成果的专利权成为可能，从而产生了促进科研成果转化的强大动力。该法案的成功之处在于：通过合理的制度安排，为政府、科研机构、产业界三方合作，共同致力于政府资助研发成果的商业运用提供了有效的制度激励，由此加快了技术创新成果产业化的步伐，使得美国在全球竞争中能够继续维持其技术优势，促进了经济繁荣。

《拜杜法案》被英国《经济学人》杂志评价为"美国国会在过去半个世纪中通过的最具鼓舞力的法案"，开创了美国技术和风险基金产业进行合作的新境界。该法案旨在通过赋予大学和非营利研究机构对于联邦政府资助的发明创造享有专利申请权和专利权，鼓励大学展开学术研究并积极转移专利技术，促进小企业的发展，推动产业创新。《拜杜法案》是美国"制造经济"转向"知识经济"时代的产物，在过去的30年，美国大学凭借《拜杜法案》这一专利制度在科学研究方面取得了重大成就，美国大学的专利申请和授予的数量有了显著增长。

科学的又一个春天

科技致富和富豪辈出的时代来了！新修订的《中华人民共和国专利法》（以下简称《专利法》）将于2021年6月1日正式实施，科学的春天真的来了。

新的《专利法》最重要的修改是：职务发明的发明人将与单位或机构专利权人共享科技成果。这种激励和鼓舞人心的变化，必将激发广大科技人员的科技报国科学致富的动力，释放在心底蕴藏已久的巨大潜能。可以看到不远的未来：中国的科技界将出现千帆竞发、万马奔腾、大雁齐飞、波澜壮阔的喜人景象。科学家备受尊敬，高科技企业如雨后春笋般涌现。科技精英富豪辈出，崇尚科学热爱科学将蔚然成风。

三年前我向有关部门提交的《关于建议职务发明归单位和个人（团队）共同所有》的建言的中心思想在新的《专利法》中得以体现，倍感欣慰。美国于1980年通过的关于联邦专利的《拜杜法案》造就了美利坚50余年的科技繁荣，至今仍在发挥效力。

今天我们同样有理由坚信即将实施的新的《专利法》必将助推中国科技领域史无前例地全面高速向前发展，中国前进的步伐更加坚定和自信。科技强国的航程科学的春天真的来了,科技富豪辈出的时代来了。

写于2020年12月

小资料

第十三届全国人民代表大会常务委员会第二十二次会议决定对《中华人民共和国专利法》作如下修改（2020年第四次修正版）：

（修改）第六条 执行本单位的任务或者主要是利用本单位的物质技术条件所完成的发明创造为职务发明创造。职务发明创造申请专利的权利属于该单位，申请被批准后，该单位为专利权人。该单位可以依法处置其职务发明创造申请专利的权利和专利权，促进相关发明创造的实施和运用。

非职务发明创造，申请专利的权利属于发明人或者设计人；申请被批准后，该发明人或者设计人为专利权人。

利用本单位的物质技术条件所完成的发明创造，单位与发明人或者设计人订有合同，对申请专利的权利和专利权的归属作出约定的，从其约定。

第十五条 被授予专利权的单位应当对职务发明创造的发明人或者设计人给予奖励；发明创造专利实施后，根据其推广应用的范围和取得的经济效益，对发明人或者设计人给予合理的报酬。国家鼓励被授予专利权的单位实行产权激励，采取股权、期权、分红等方式，使发明人或者设计人合理分享创新收益。

设立中国"专利日"

新修订的《中华人民共和国专利法》(以下简称《专利法》)将于2021年6月1日正式实施。新的《专利法》最重要的修改是:职务发明的发明人将与单位或机构专利权人共享科技成果。这种鼓舞人心的变化,必将激发广大科技工作者的科学致富和科技报国的动力,释放在心底的巨大潜能。可以看到中国的科技界不远的未来将出现:千帆竞发,群马疾驰的喜人景象;科学家和科技富豪备受尊敬,高科技企业如雨后春笋般涌现,全国范围崇尚科学热爱科学将蔚然成风。

美国1980年通过的关于联邦专利的《拜杜法案》造就了美利坚50年的科技繁荣,至今仍在发挥效力。即将实施的新的《专利法》必将助推中国科技领域史无前例地全面高速向前发展。为了在全国范围更广泛宣传、学习、理解和贯彻新的《专利法》,现提出设立"全国专利日"的建议。

现有状况

我国与西方发达国家在科技成果转化率方面存在巨大差距,其中一个重要原因就在于发明人在专利申请、专利实施方面动力不足。我国已经成为专利大国,但还不是强国。事实证明,只有赋予发明人以更多权利才能奖励发明创造活动,才能真正促进科技进步。1980年美国国会通过的《拜杜法案》被英国《经济学人》杂志评价为"美国国会在过去半个世纪中通过的最具鼓舞力的法案",开创了美国技术和风险基金产业进行合作的新境界。我们国家将于2021年6月1日开始实施的新修订的《专利法》是中国版的拜杜法案,意义重大,影响深远。

现存问题

发明人对职务发明享有怎样的权利,是影响发明人是否愿意积极进行科技创新的重要因素。新的《专利法》允许优秀的科技人员部分拥有职务发明的产权,必将极大地激发他们的创新热情和潜力。为了有利于企业的领导部门、国内的企业、广大的企业员工及各领域的科技工作者领会新修订的即将正式实施的《专利法》,从而有效地贯彻和执行《专利法》,有必要加大对《专利法》更广泛、更深入、更深入人心的宣传。

具体建议

为了在全国范围宣传、讲解、学习、领会和贯彻新的《专利法》,培养孩童从小学科学爱科学,教育引导广大青年立志科技报国,鼓励激励科技工作者献身科学事业,推崇科技富豪科技致富光荣,建议设立我国自己的"专利日"。世界的"专利日"为每年的4月26日。

建议每年5月第3周开始的《科技活动周》的第1天为全国的"专利日"。

写于2021年4月

新《专利法》宣传的现状

令人遗憾的是,针对新的《专利法》的宣传力度太弱范围太小,影响非常有限。初步走访调查发现绝大多数企事业单位不知晓新的《专利法》已经颁布,更不清楚有哪些新的内容。

笔者于2023年3月在国内一家著名的企业集团参访时得知,已经列为民营企业科技发明前十位、拥有9800个实用新型、2400个科技发明专利的企业,都不清楚新的《专利法》已经颁布了。对于这部新修订的、意义极其深远的一部《专利法》实施之后就束之高阁,悄然无声,实在令人不解。

建议负责科技的国家有关部门和国内主要媒体大张旗鼓地宣传新的《专利法》,让企业和科研部门的领导充分了解理解其意义,让广大的科技工作者拥有了新的权利和机遇。企事业单位和部门要敞开胸怀,要自觉提高觉悟,要主动把属于科技人员的股份、奖金、期权等毫无保留毫无隐藏地及时地告知并送给刻苦攻关的发明人,只有这样才能极大地调动起科技人员的潜能和积极性,企业和员工才能形成真正的命运共同体,也才能实现共同发展和共同富裕。

国家最高科学技术奖金额度提高了

今日凌晨1：00搭乘乌兹别克斯坦的航班从塔什干飞回北京，结束了2019年的第一次出行。中亚人口第一大国短短一年多的大力度改革开放，已经让这个丝绸之国呈现了日新月异的变化。"一带一路"正在加速和提速，共赢的局面正在实现。

一回到首都，恰逢《国家科学技术奖励大会》在京举行，令人欣慰的是今年的奖金额提高了。我于2017年1月18日在多米尼加公务空闲时书写了一份《关于提高国家最高科学技术奖金额度的建议》的建言。新的奖金数800万元离建言中提议的5000万元人民币还有相当的距离，但毕竟提高了，坚信以后还会提高，因为我们国家还会继续向前发展。

写于2019年1月8日

关于提高国家最高科学技术奖奖金额度的建议

"国家最高科学技术奖正式设立于2000年，由国家科学技术奖励委员会主办。国家最高科学技术奖是中国五个国家科学技术奖中最高等级奖项，每年评审一次，每次授予不超过两名科技成就卓著、社会贡献巨大的个人，由国家主席亲自签署、颁发荣誉证书和500万元高额奖金。"

一、现状

近日，根据《国家科学技术奖励条例》的规定，经国家科学技术奖励评审委员会评审、国家科学技术奖励委员会审定和科技部审核，国务院批准并报请国家主席习近平签署，授予赵忠贤院士、屠呦呦研究员国家最高科学技术奖，奖金为人民币各500万元。获得国家科学技术奖的科学家们是中国科学事业的领路人，是社会进步的开拓者。他们用尽毕生的精力，就是为推动中国科学事业的发展。国家最高科学技术奖主要奖励在当代科技前沿取得重大突破，或者在科技创新和科技成果转化中，创造巨大经济或社会效益的杰出科学家，是中国科技界的最高荣誉。奖项自2000年正式设立至今，已有27位科学家获奖，平均年龄超过80岁。

二、存在问题

1. 从2000年至今工资水平翻了近10倍，北京市区的房价也从平均不到4000元/平方米涨了15~20倍，国家最高科学技术奖奖金金额还维持在500万元人民币。民族的骄傲，国之瑰宝，顶级科学家，付出毕生心血，平均在80岁高龄时获得500万元人民币，现在北京城区只能买间约70平方米的房子。当年500万元人民币可以买

12套100平方米的房子；与2000年相比，房价涨了10倍以上，奖金额度维持不变，激励的影响力或有效性则大为减少。

2.在商业氛围浓厚的时代，国家最高科学技术奖500万元，难以最大限度地激发少年儿童学从小学科学、爱科学的热情，难以吸引年轻的大学毕业生投身到祖国的科学事业中，也难以最大范围地激励和调动广大科学工作者的热情和潜能。

3.国家最杰出的科技巨星的价值没有充分彰显和体现，无法像高收入的歌星影星形成粉丝，难以在全国全社会形成学科学光荣和荣耀的氛围。

三、具体建议

科技是第一生产力，一个国家的强大一定是科技的强大，科技的强大一定是有一支一流的科研队伍，研发出领先于国际的技术！

为了实现中华民族的伟大复兴，为了更有效地体现重视科学，激发广大科技工作者的热情、为了激发年轻的一代投身到祖国的科学事业中，为了教育少年儿童学科学、爱科学，做科学家光荣，为我国持续培养科技人才，特建议：

将现有奖金额度提高10倍，国家最高科学技术奖，奖金人民币5000万元，其他奖项也相应提高。

写于2017年1月

圣多明各

6 交通管理

为什么机场行李安检处总排长队？

2017年5月28日上海虹桥机场收到我关于机场安检的改进建议的微信，机场安检处的负责人李国平先生回信说："谢谢，我会及时向领导反映"。当时以为他只是礼节性的简单回复，没太在意。15天后的2017年6月13日，李先生微信发来照片并附上留言："感谢，我们21、22通道在进行试点和数据收集，不久的将来会全面改造的。"

2019年9月21日深圳宝安机场安检处王中亮发来微信："老师您好：上次您从深圳机场坐飞机反映的安检通道内，用来放旅客行李的平台太短的问题，经过对现有通道紧急施工改造，目前有六条通道改造完毕，马上经过验收试用啦，下次您再出差时，欢迎体验新通道，同时提出宝贵意见！"

2023年2月8日西安咸阳机场安检处工作人员回复："您好：昨日您反映的旅客摆放和检查行李滑板较短的问题，我们已向上级领导反映，我部领导高度重视。T2航站楼因空间受限暂无法立即进行项目改造，但我们会持续优化检查流程，向内深挖不断提升。目前我们已将通道后端物品整理台竖向调整，延长后端滑板长度，进一步提高检查效率。咸阳机场T5航站楼即将竣工，安检通道会更加方便快捷，欢迎您再次体验感谢您的建议，我们会努力做到更好。"

自扫门前雪、"懒政"不作为已是常态的当下，上海虹桥机场安检处短短两个星期就做出整改，远超我的想象和预期。自从注意到国内机场安检效率不高的现象后，乘飞机出差旅行，只要时间允许都会主动联系机场安检的现场负责人，介绍国外机场高效运行的现状，交流探讨如何改进提高机场安检设备和流程。一般反应是对此热心表示感谢，过后就没有反馈和下文。上海虹桥机场的快速反应，体现李国平先生对待职业高度的责任感和虹桥机场安检处实实在在为乘客着想的工作作风和真情实意。为这样优秀的国家公职人员点赞，也为李先生有明察秋毫和雷厉风行的上级领导庆贺和庆幸。上海之所以成为名副其实的国际化大都市，深圳能成为国内最具创新能力的城市，西安当下快速崛起，正是有一大批思想开放、尽职尽责、勇于担当、锐意进取的李先生、王先生……

行李安检处是整个机场的咽喉，设计是否合理极大地影响乘客的通过速度。有一年我从内蒙古的乌海飞往包头，清楚记得当时那一整天机场只有一个航班，可安检时却排了很长的队伍，蜗牛般的速度通过。常年国外商旅，法国巴黎戴高乐机场、加拿大多伦多皮尔逊国际机场、美国洛杉矶机场安检的快速通行与国内机场安检长期的"肠梗堵"形成了鲜明的对比。根据实地观察考察后发现，我国机场安检处设施普遍配置不合理、流程不科学，从而导致排队拥堵。既浪费了旅客的宝贵时间，增加了安检人员的无谓站立工作时间，无形中也让机场的商家流失宝贵的客户。拥堵排队也埋下人为的安全隐患，人群密集一旦有意外发生难以快速疏散。低下的运营效率造成飞机误点，不仅影响我们民航甚至是国家的对外形象，也容易造成误机进而导致群体事件的发生，相比于国内众多大中型城市的机场，新疆伊宁机场安检处行李前台和后台先进合理（图3）。为此建议国内机场当局对现有的安检处设施配置进行调整。

机场安检处现有设施配置和流程：

第一步：证件检查。

核对证件是否真实和持证人是否一致，这一流程需要10秒到15秒，这一步每分钟可以过4~6人。

第二步：手提行李检查　问题发生处。

这一流程的时间每人需要45秒，如果有违禁物品，需要开包检查，则需要的时间会更多。

第三步：人身检查。

这一流程的时间需要10~15秒。

第一步和第三步只需要10~15秒，第二步需要约45秒。

存在的问题：

（一）安检行李前台和后台过短

我国的机场安检处的行李检查前端台一般只有1~2米长，

后端台2~3米长。这是国外安检速度快于我国大约5倍的主要原因。

如果安检处设计思想是基于乘客没有行李空手经过,可以没有行李台。如果乘客有随身行李,那么行李前台和后台的长度就需要认真计算和思考。现有的状况是前端台一般只有1~2米长,第二位乘客无法提前打开行李,不能把电脑、充电宝、雨伞等物提前拿出来,第三位要等第一位手提行李通过后才允许离开进入手提行李检查。从第四名乘客开始就不得不全部站立等候。一旦第一位乘客有可疑物品需要开包,他后面所有的乘客不得不等待。第二步每分钟只能通过1人,必然要造成第3、第4位客人的等待。时间一长等候的队伍必然是越来越长。

(二)租金原因造成安检区局促

现在安检区域设计狭小,原因之一或许是安检区不产生经济效益的区域。机场管理公司希望留给餐厅、商店、书店更多的空间以取租金。机场的首要职责是为乘客提供安全方便快捷的服务,牺牲安检人员无谓的站立、乘客的安全和利益换取更多租金的做法不仅损害乘客的利益,同样伤害机场自身的商业收益,是否是这样的原因我们不得而知。

具体改进建议

1.在通过证件检查后,在检查手提行李处摆放6~10米长或更长的行李检查前端台,让10位左右的乘客同时做好安检前的准备。

2.安检时发现有可疑物品时,不要在设备旁开包,要拿到旁边或最远处检查，让后面接着检查，乘客继续通过。

3.行李检查后端台采用6~10米或更长，加快安检后的乘客快速离开。

4.国内机场可以采取类似上海虹桥机场的方式，一个通道一个通道逐步改进方式，既不影响现有的安检工作，又可提高安检的通行效率。

5.我国的地铁、高铁安检处存在类似的问题，建议按同样的措施解决。

当您读了这篇短文，下次再到机场行李安检处请用心观察，就会发现乘客的时间浪费在设施配置不合理的安检处，购物和休息的时间被无端占用的普遍现象。我曾在国内众多机场与现场的安检人员交流，他们大多能意识到这个问题，可向上反映基本无效。他们很无奈地表示只有上级才有权决定设备的采买配置和流程的制定。国内越来越多的新机场都在设计建设之中，希望机场安检流程能进行科学合理的设计和调整，其实，只要机场管理部门把乘客的利益放在第一位，这样人为造成的安检拥堵等候的问题就会得到解决。

中国一般城市的机场繁忙程度远远低于法国巴黎、美国洛杉矶等国外著名机场，看图1和图2对比，安检效率就一目了然了。

写于2023年10月

图1　国内某机场安检区只有1~2米长的行李检查前端台

图2　国外机场6~10米长的行李检查前端台

6 交通管理

图3 新疆伊宁机场行李检查前端台和后端台先进合理

注：图2和图3照片由笔者自摄提供。

图4 上海虹桥机场改建后安检处照片

科学设计　人文思考

几年前,在硬件设施已不算先进的洛杉矶机场发现有许多可取之处。行李**安检处**设计合理,场地有限,便将行李前端台设计成L形,L形两端各约15米长,乘客有充分的时间提前把电脑、充电宝等物品提前取出,乘客排队流畅通过,基本没有拥堵,这与国内的安检形成鲜明对比,安检效率高出国内约5倍。国内机场安检的前端行李台一般只有2米左右,在第二名以后的乘客无法提前做准备,结果常常导致安检人员背手等候,大量乘客拥堵在行李检查处排队,这一弊端存在于国内几乎所有的机场。其实,只要把前后行李台设置成10~15米,人为造成的拥堵现象将大为减少。

换汇处安排在离安检出口最近的地方,方便乘客通过安检后换钱购物,设身处地站在乘客的角度考虑合情合理。过了安检后醒目的大字标明的**登机口**呈现在眼前,字体设计之大即使是800度近视不戴眼镜也能看清,彰显人文关怀和为客户着想的服务理念。再往前走抬头看见一**大时钟**,提醒乘客掌握时间,合理安排登机前的活动。时钟的位置在通路正上方,位置极佳,乘客必看,广告位卖给知名品牌,各取所需,相互成就;**饮水处**为需要补充水份的乘客提供方便。考虑到不同年龄个头高矮,设置了两个高度,孩童和身材不够伟岸的乘客也可以轻松饮用,避免了到处找砖头垫高的尴尬。为了赶飞机一路欢跑,两腿有些发软,或为见心上人一夜未睡,有 SPA 舒缓肌肤,容光焕发后,以饱满的状态登机。想为亲朋好友买点礼物,**免税店**的名牌精品可供选择。即使离开家出发前没有备好,这里还有补救的机会,亡羊补牢犹未晚矣。过了安检口和登机口前都设有**卫生间**。保证进入候机厅和离开时都轻松,确保旅途愉快!从行李安检、购物换汇、时间掌控、消费购物、登机准备整个流程设计科学化、人性化。

  作为行商,我常年游走于世界各地。在日本机场看到办理登机牌交运行李处,传送带与地面高度一样,行李箱用手就可以推上,老弱病残也可以轻松办理;在巴黎机场的商务贵宾厅里除了丰富的酒水餐食供应外,还有淋浴室,方便商务人士洗去一路的劳顿。在许多发达国家发现登机时是按照后排乘客先登,前排晚上,分组办理,做到进入客舱后前排的乘客不会影响后排乘客通过,安放行李有序进行。

  把客户当成上帝落实在机场设施的精心配置上,乘客可在轻松的环境中度过登机前的等候。国内机场管理部门可以从国外机场设备科学设计、流程人性中得到启示,减少数以万计乘客无奈的人为造成的等待,也降低因为拥堵造成误机等事情的发生,相信我国的机场设施和服务会不断改善和完善。

写于 2016 年 9 月

城市拥堵的罪魁祸首

当我驾车行驶在加勒比的明珠——古巴首都哈瓦那的"长安街"双向四车道的第五大道时,眼睛时刻留意仪表盘的指针,脚下始终放在油门处随时准备提速。当地交规:里道时速不能低于80公里/小时,外道不可慢于60公里/小时。低于上面的速度,随时都有可能被前方执法的警官拿下。在香港特别行政区不宽的丁字路口或十字路口可看到,信号灯变绿后,等候的车辆立即提速,接下来便以60~80公里/小时快速行驶。可我国内地的城市很少有以如此高的速度通过路口,能以40公里/小时的速度通过就属难得,通行效率为什么差距如此之大?是人口和车辆的密度太大的原因吗?

城市交通是由一条条道路编织的网络,这些网络的节点就是十字和丁字路口。国内城市的道路设施已经或正在逐步在完善,交通管理还有巨大的提升空间。常年行走世界各地,观察对比了信号灯设置,发现了国内城市里十字路口信号灯的设计和周边道路的使用存在一些亟待解决的问题,现以北京东长安街沿线东边最后一个十字路口大望桥为例,提出治理城市十字路口拥堵的思路和方案。

罪魁祸首一

我们都知道交通管制时，VIP的车队可以快速畅通无阻通过，是因为在行驶的车辆前方没有也不允许其他车辆随意驶入和插入。

中华人民共和国道路交通安全法实施条例

"第三十八条机动车信号灯和非机动车信号灯表示：

（一）绿灯亮时，准许车辆通行，但转弯的车辆不得妨碍被放行的直行车辆、行人通行；

（二）黄灯亮时，已越过停止线的车辆可以继续通行；

（三）红灯亮时，禁止车辆通行。

在未设置非机动车信号灯和人行横道信号灯的路口，非机动车和行人应当按照机动车信号灯的指示通行。

红灯亮时，右转弯的车辆在不妨碍被放行的车辆、行人通行的情况下，可以通行。"

城市中心十字路口是交通网络的节点，车辆要在交通信号灯的指示下经过路口。等候在路口的车辆疏导分流得越快，拥堵的车辆就会越少。路口的指示灯设计得是否科学合理，很大地影响通行的速度。当绿灯亮时，前方没有车辆插入，双向直行的车辆都能以较快的速度通过，单位时间内通过的车辆数量就多。当绿灯亮时，一旦直行的车辆的右前方、左前方、有车辆从非直行车道驶入，它就不得不减速避让，立刻影响直行车辆行驶的速度，同时还影响尾随其后车辆的行进。香港特别行政区和有些国家城市道路虽然狭窄,但直行的车辆可快速以60~80公里/小时通过路口,是因为司机不担心前方路口会有车辆从非主路驶入。现在国内绝大多数城市中心十字路口的红绿灯允许右侧车道在指示灯为红灯和绿灯时在所谓不妨碍被放行的车辆时都可以右转弯,**实际上起到的是允许和鼓励加塞**。其实,所谓的不妨碍实际上一定会影响放行车辆的通行速度,有车辆拐进前方的车道,必然要减速,从而导致车辆路口通行速度缓慢,左转弯的道理相同。由此可见,(右)转向灯设计不合理是影响城市拥堵的罪魁祸首之一。

可做如下设想和设计:在城市十字路口处设立专门的转弯指示灯,比如有的路口可以设定在同一时刻同样长的时间如30秒,十字路口四个方向同时开启右转弯信号灯,这样四个方向打算右转的车辆同时进行右转弯,一同进行疏散和分流,这样右转弯的车辆快速高效,也不影响其他方向行驶的车辆。在其他时间内,双向直行的车辆便可以毫无顾忌地以较快的速度在没有干扰车辆出现的情况下通过路口。不同的路口四个方向的车流量时时变化,可利用智能控制系统,设置不同的时间。令人欣慰的是,国内有些城市的部分路口已经意识到这个问题,并设置了专用右转弯的指示灯,拥堵的现象得到很大的缓解。

罪魁祸首二

要做到尽最大可能地减少在十字路口排队等候的车辆,就要将右车道准备右转的车辆提前在到达十字路口前的路口右转弯引流。可现实中有些路段设计恰恰相反,生生把车辆引回流到主路上"添堵",单行线方向设计不科学是导致交通拥堵的另外一个罪魁祸首。

周边道路的使用和设计原则：

十字路口周边的道路要最大限度地实现分流驶往红绿灯处右转弯的车辆，路口前一两条道路是主要"分流器"，道路设计的原则是分流，就是要减少而不是增加驶入主路上的车辆。靠近十字路口的道路尽可能设计成向主路外分流的单行线，而不是向主路引流车辆。

举例：东长安街由西向东准备在大望路桥下右转的车辆可在现代城西路提前右转。现代城西路北起长安街，南至通惠河北路。长安街上由西往东打算从大望桥红绿灯右转弯的车辆本可以提前右转进入现代城西路，再由现代城中路往东行驶至西大望路。可是现代城中路被设置成由东向西行驶的单行线，把车辆又引流到主路上"添堵"。

国内城市中心地区十字路口周边道路设计使用如不合理，不仅起不到疏散和分流的作用，反而是在"添堵"，是在不断向主路引流，使本来不通畅的交通堵上加堵。

北京朝阳区大望路十字路口周边的道路设计违背了分流的原则，所设计的单行线因方向错误加大了主路的负担，起到了回流"添堵"的作用。这是大望路十字路口十余年拥堵的原因之一。大望路十字路口只是一个典型的例子，全国城市的主要路口还存在相同或类似的问题，希望引起有关部门的高度重视，组织相关单位的专家实地考察，及时整改。

一个城市有众多十字路口，如果没有一个科学合理的设计，周边的道路本来可以成为道路上车辆的分流器，结果却起了相反的作用。城市十字路口周边的道路如果没有科学合理设计，违背分流原则，则造成十字路口长期拥堵是必然的。

城市交通拥堵这个"风景线"在许多国家存在，国内一二线城市高峰时间拥堵不堪已是顽疾，市民面对长长的车队早已经司空见惯，习以为常了。其实，我国城市的交通管理还有巨大的改善空间。拥堵问题长期得不到解决，政府的城市治理能力和公信力会受到质疑。何以解忧？唯有对城市中十字路口信号灯和周边道路进行科学设计，整个城市的交通才能得到改观。

具体建议

1.在十字路口设立转弯专用指示信号灯，如果没有转弯指示，红绿灯时车辆都不可以转弯；

2.红绿灯前的周边道路应设计成由主路向外疏散分流的单行线；

3.提前在四个方向设立高大清晰的标牌指示，引导车辆提前右转或左转分流；

4.十字路口周边的单位要给予最大程度的配合。

综上所述，（右）转向灯和单行线设计不合理是影响城市拥堵的两大罪魁祸首。

写于2017年6月

>> 7 安全预警

应尽快建立经济（经贸）预警和应急中心

众所周知，习近平主席2013年提出的"一带一路"倡议已被世界多国和地区组织广泛认同和接受，越来越多的中国企业响应国家"走出去"号召，在国外开展互惠互利经贸活动。近年来，我国经济取得了显著成就的同时，也遭遇了前所未有的挑战。当今世界，经济安全在国家安全中的地位日趋重要。美国早在克林顿政府时期就把经济安全与政治安全、军事安全并列为国家安全的三大支柱之一。中美经济博弈已显性化和长期化，随着我国加速台湾统一的进程，欧美对中国已经采取了超乎寻常的围堵、打压和制裁。当下乌克兰特别军事行动中俄罗斯受到的全方位严厉的制裁，给了我们提示和警醒。美国在2022年5月23日刚刚启动"印太经济框架"，其成员国既有资源大国，又有高科技强国，可以说已经和即将发起针对中国的围堵和制约的强度和广度将是史无前例的。如何及时高效应对和解决经济（经贸）危机已被世界各国关注和重视。现以中国进口澳大利亚铁矿石涨价，一年多赚中国1000多亿美元、C国拖欠中资企业货款高达约数十亿美元长达六年久拖不决一事为例，提出完善我国经济（经贸）预警和应急机制,尽快建立中国经济(经贸)预警和应急中心的建议。

一、背景

2004年颁布的《中华人民共和国对外贸易法》第四十九条:国务院对外贸易主管部门和国务院其他有关部门应当建立货物进出口、技术进出口和国际服务贸易的预警应急机制,应对对外贸易中的突发和异常情况,维护国家经济安全。"

当出现重大经贸事件时,启动对外经贸应急机制,确保国家经济安全,进而不断推动中国对外经贸的有序健康发展是全体经贸人共同的责任。不断完善对外经贸应急机制将提高中国对外经贸治理水平,也将为践行"走出去"战略和"一带一路"伟大倡议的中国企业保驾护航,意义重大,影响深远。

经初步调查研究判定《中华人民共和国对外贸易法》第四十九条的规定的有关的预警和应急机制到今天还没有真正建立起来。我们认为,当下已经不是仅考虑对外经贸,而是需要站在中国整体经济的高度来完善相关的预警和应急机制。从2004年至今已经过去了19年,中国已经成为世界第一大贸易国、全球第二大经济体,可国家的外贸法中规定的应当建立的预警和应急机制还停留在概念层面,这种缺失对我们当下的应对欧美对中国的打压、"走出去"战略和践行习近平主席提出的"一带一路"伟大倡议不相契合。至于为什么至今还没有真正建立起应有的对外经贸预警和应急机制以及具体操作细则不得而知,但有关部门如能迅速建立和完善对外经贸应急机制,不仅利国利民,能起到为"走出去"的企业保驾护航的作用,也是对外经贸工作经济工作的重大业绩。

对外经贸预警和应急机制的建立和完善将提高中国对外经贸治理水平,补齐预警和应急机制短板,确保国家经济安全,进而不断推动中国对外经贸的有序健康发展是全体经贸人的责任。

建立和完善我国经济(经贸)预警和应急机制的目的是为最大限度和范围有效维护我国的国家安全利益。具体操作应该是由国家组织建立一套严密有序的应急应对机制,面对突发事件和重大事件时能调动多方力量,对国家安全形势和经济、贸易状况做出及时分析与判断,进而迅速有效地维护经济(经贸)运行,确保国家利益得到最大程度的保护。由于经济(经贸)涉及国家间政治、外交关系,以及国家发展的整体战略,故在制定经济(经贸)预警和应急方案时,要有针对性也要有全局观。据了解,当今世界许多国家建立经济(经贸)应急机制时,一般是以经贸部门为核心,联合危机管理和国家安全等有关部门,由政府首脑掌握经济(经贸)的最高决策与协调权。新冠疫情在国内得到很有效的控制得益于一整套完善高效的应急和运行机制——国务院联防联控机制。基于这一机制,抗疫就不单单是卫健委一个部门承担责任,而是全国范围"一盘棋",多部委共同参与。有鉴于此,我国经济（经贸）也应建立一套完善的可操作性的预警和应急运行机制。

二、存在的问题

以进口澳大利亚铁矿石和与经贸现状为例。

1. 进口铁矿石

据了解，我国每年进口的铁矿石，约占据全球的75%，是世界最大的铁矿石买家，其中澳大利亚是主要进口国。针对澳大利亚追随美国打压中国后，我国进行了相应的反制，限制了澳大利亚葡萄酒和煤炭等产品的进口，起到了一定的警示作用。但因缺乏有效的布局和精心的策划，在铁矿砂进口上我国始终处于受制于澳方。据资料显示，澳大利亚铁矿石2020年年内最低价格79.8美元，2021年1月4日铁矿石普氏指数为164.5美元，2021年5月澳大利亚铁矿石价格已经达到230美元/吨，按中国每年进口澳大利亚6.9亿吨计算，与2020年相比，澳大利亚铁矿石多赚中国1036亿美元，触目惊心。澳大利亚铁矿石价格暴涨，导致与钢铁五金有关的行业成本提高，带给中国众多领域的冲击和损失数以万亿计。

为了解决数十年来中国进口铁矿石过于松散、各自为政的局面，2019年由国内主流钢铁企业作为成员单位组成"进口"铁矿石小组。这种小组类似于协会商会，本质上还是松散型组织，没有脱离企业行为，即使能达成一些共识也不能做到有效贯彻和执行，因为一旦有个别组员出于企业自身利益，作出破坏本已达成的某些约定，除了批评外其他组员无能为力，只能望洋兴叹。铁矿石小组和小组成员自身的结构和地位，限制其不能站在国家和国家战略的高度全面审视面对铁矿砂进口，也无权利对其他组员不遵守约定进行处罚，这两年澳大利亚铁矿石大幅涨价，从中国赚取超额利润的事实再一次说明"铁矿石小组"难以发挥作用。2022年1月，中钢协会长陈德容在中钢协会员大会上透露，中钢协向国家发改委、工信部、自然资源部、生态环境部四部委上报了"基石计划"，即通过国内新增铁矿开发、境外新增权益铁矿、废钢资源的开发，实现对铁矿石供给和价格的话语权。实事求是地讲，过去的几十年，中国一直想摆脱铁矿石受制于人的被动局面，推出了许多计划，最终都无法实现。这次中国钢铁协会提出的"基石计划"也难有作为，缺少一个强有力的国家机构和部门主导是最主要的原因之一。

令人欣喜的是，中国矿产资源集团有限公司（China Mineral Resources Group Co., Ltd.），于2022年7月19日正式成立，总部位于河北省雄安新区，是由中央直接管理的国有独资公司和国家授权投资机构。"组建中国矿产资源集团有限公司，是党中央、国务院着眼于用好国内国际两个市场、两种资源，增强我国重要矿产资源供应保障能力的重大举措，对于保障产业链供应链安全，促进高质量发展具有重要意义。作为中央直接管理的国有独资公司和国家授权投资机构，公司将坚持开放协同、合作共赢，坚持市场化、法治化运营，打造具有全球竞争力和影响力的世界一流矿产资源综合服务企业。"希望中国矿产资源集团有限公司在应对国外铁矿石等产品制约上能大有作为。

可以设想，一旦中国经济应急中心成立，从国家经济安全的高度出发，以国家的名义发出的指示和做出的决定是具有法律效力，相关企业必须以国家利益为重，严格遵守。如果有个别企业只顾自身利益，破坏国家作出的决策，将受到法律的严厉惩治和经济上的严格处罚。只有这样，中国的企业在应对国外打压时才能步调一致，高度协同，真正形成合力。

2. 经贸现状

从2016年10月底开始，C国拖欠中资企业货款，至今已六年之久，金额数十亿美元，牵涉数百家中国企业。面对这一问题，以及由此带来的我国对C国连续6年大幅度下滑的异常局面，中方显得非常被动，缺乏有效应对。事前没有预警，事后也未采取任何应急措施，导致国企央企出现大量呆坏账，巨额外汇资产流失，从事对C国贸易的绝大部分民营企业已陷入绝境。据统计，2016年中国对C国出口17亿美元，2022年对C国出口仅为4.83亿美元。经贸出现断崖式下滑的异常情况迄今未能解决，凸显了我国经济（经贸）预警和应急机制的缺位。C国作为友好的国家，两国经贸出现重大问题数年无人问津，不能说有关部门不作为，但足以说明目前政府部门之间既缺少沟通协调机制，也缺少一个出现重大经济事件时有权代表国家整体利益出面应对的机构和部门。

举例，2019年发生的中国北京天骄航空公司收购乌克兰最大航空发动机制造商马达西奇公司受阻一事，就是美国以国家安全为由强力干涉乌方导致收购失败的典型事件。这种重大收购同样关乎中国的国家安全，企业的自身能力有限，中方理应及时启动经济（经贸）应急机制进行强有力反制，企业的利益也是国家的利益。再如，2021年美国发起对中国新疆棉花的制裁，2022年对中国芯片企业的全面打压，对我国高科技企业华为等进行断供，我国在表达坚决反对后同样需要启动预警和应急机制，进行全方位精准的、高效的强有力地应对。令人缺憾的是，因为我国目前还没有成立**中国经济（经贸）预警和应急中心**，能够采取有效的、精准的反制措施还不够多。

三、习近平总书记在党的二十大报告中关于国家安全和经济安全

2022年10月16日习近平总书记在党的二十大报告中指出："推进国家安全体系和能力现代化，坚决维护国家安全和社会稳定。"

国家安全是民族复兴的根基，社会稳定是国家强盛的前提。必须坚定不移贯彻总体国家安全观，把维护国家安全贯穿党和国家工作各方面全过程，确保国家安全和社会稳定。"

我们要坚持以人民安全为宗旨、以政治安全为根本、**以经**

济安全为基础、以军事科技文化社会安全为保障、以促进国际安全为依托,统筹外部安全和内部安全、国土安全和国民安全、传统安全和非传统安全、自身安全和共同安全,统筹维护和塑造国家安全,夯实国家安全和社会稳定基层基础,完善参与全球安全治理机制,建设更高水平的平安中国,以新安全格局保障新发展格局。

第一,健全国家安全体系。坚持党中央对国家安全工作的集中统一领导,完善高效权威的国家安全领导体制。强化国家安全工作协调机制,完善国家安全法治体系、战略体系、政策体系、风险监测预警体系、国家应急管理体系,完善重点领域安全保障体系和重要专项协调指挥体系,强化经济、重大基础设施、金融、网络、数据、生物、资源、核、太空、海洋等安全保障体系建设。健全反制裁、反干涉、反"长臂管辖"机制。完善国家安全力量布局,构建全域联动、立体高效的国家安全防护体系。

第二,增强维护国家安全能力。坚定维护国家政权安全、制度安全、意识形态安全,加强重点领域安全能力建设,确保粮食、能源资源、重要产业链供应链安全,加强海外安全保障能力建设,维护我国公民、法人在海外合法权益,维护海洋权益,坚定捍卫国家主权、安全、发展利益。提高防范化解重大风险能力,严密防范系统性安全风险,严厉打击敌对势力渗透、破坏、颠覆、分裂活动。全面加强国家安全教育,提高各级领导干部统筹发展和安全能力,增强全民国家安全意识和素养,筑牢国家安全人民防线。"

四、一点建议

综上所述,经济安全是国家安全最重要的组成部分之一。建立和完善经济(经贸)预警和应急机制,不仅可以为"走出去"的企业保驾护航,而且有助于提高中国经济(经贸)治理水平,不断推动中国经济(经贸)有序健康发展,既能积极有效面对国际上日益严峻和更具挑战性的环境,也能有效应对美欧等国对我国的(企业)打压和制裁。在贯彻国内外双循环和践行"一带一路"伟大倡议、"走出去"战略的新时代,为确保国家经济安全,完善经济(经贸)应急机制及其操作细则,建立"中国经济(经贸)预警和应急中心"迫在眉睫,刻不容缓。鉴于该中心关乎国家的经济安全,作用和责任重大,建议中心设在国家发改委,并根据国别或商品设立常设或临时的部门。由发改委主要领导日常具体负责,政府首脑掌握经济(经贸)的最高决策与协调权。

特此建议:在国家发改委成立"中国经济(经贸)预警和应急中心"。

写于2021年2月

修改于2022年12月

加强保护中国顶级科学家

众所周知，在举世瞩目的"两弹一星"事业背后，有许多隐姓埋名的科学家，把个人志向理想与国家民族命运紧密联系起来，他们把青春年华无私地献给了党和人民。他们是中华民族的荣耀和骄傲，更是国家极其宝贵的财富。正是长期不在公开场合露面，少有人知道他们的存在和行踪，也保证了他们生命安全。今天的中国，在以习近平同志为核心的党中央的英明领导下，已经发展成为全球第二大经济体，是具有世界影响力的大国。我国的科学技术也取得举世瞩目成绩，一大批优秀的满腔热血、赤胆忠心的科技工作者攻坚克难，奋战在科研的第一线。这些杰出的科学家们是建设社会主义科技强国的中坚力量，他们的身体健康、生命安全最需要得到保护。随着我国快速发展，全面实力不断接近美国，中美竞争日趋激烈。美国国内各种势力达成高度共识，已把中国列为头号战略威胁。美国已经毫无顾忌，以歇斯底里的心态，用各种手段遏制打压中国。没有武德和持双重标准的美国，为了自身利益可以突破道德底线，对此我们要予以高度重视。为此，建议减少电视、网络等媒体公开详细报道介绍顶级科学家，具体分析如下。

一、背景

1. 伊朗科学家屡遭暗杀

据观察网报道，2022年6月伊朗又有两名重要的科学家遭到暗杀，一位是在伊朗航空部门工作，主要负责飞机或者导弹武器的涡轮机研究，对伊朗的航空航天工程有着重要贡献的科学家阿尤布·安特扎里；另一位是据以色列称参与了核计划的科学家卡姆兰·阿卡莫莱伊。近年来，伊朗的科学家遇害的消息不断见于报端。其中有年仅59岁的核首席科学家法赫里扎德、伊朗德黑兰大学核物理学家马苏德·阿里·莫罕默迪、伊朗原子能组织核物理学家马吉德·沙里亚里、化学专家穆斯塔法·迈哈迈德等。近年来，伊朗已吸取了血的教训，加大了对精英的保护，严格限制科技精英的信息外泄，电视镜头中出现时脸上要打上马赛克。

2. 海外华人华裔科学家离奇死亡

类似伊朗的暗杀事件没有在中国发生，但在国外包括美国在内有多起中国科学人才"意外"的事情发生。其中，2018年12月1日，杨振宁的学生、美籍华人顶尖物理学家张首晟在美国"意外"坠楼离世。同一天，华为公司创始人任正非的女儿孟晚舟在加拿大被无辜逮捕。据报道，张首晟教授和他的团队与华为在5G领域有深入的合作。任伟，年仅26岁，数学天才，人工智能研究专家,研究独特计算机算法,军事应用前景广阔。2008年11月6日准备回国前死亡,美国警察认定是"跳楼自杀"。赵永芳,顶级生物领域大分子研究专家,2016年8月14日决定回国前,在美国独居家中楼梯滚下(美国警察提供)送医院抢救无效死亡。这些离奇蹊跷的事件应该引起我们有关部门高度的重视。

3.近年来我国有相当数量的科学家英年早逝

据人民网2012年11月26日报道:中航工业集团有关人士证实,其旗下沈飞集团董事长、总经理罗阳在随国家舰载机成功归来的航母辽宁舰上突发心脏病,没来得及参加晚上的庆功会,于25日上午11时许去世。据了解,歼15舰载机是沈飞研发,年仅50岁平时身体健康的航空科技专家罗阳董事长是该工程总指挥。

2019年11月26日6时55分,我国复合材料领域知名学者、国家杰出青年科学基金获得者、国家万人计划科技创新领军人才、西北工业大学材料学院殷小玮教授,因病抢救无效,在西安不幸逝世,年仅47岁。

据武汉光电国家研究中心官网2022年3月14日消息,我国知名材料学专家、中国共产党党员、国家杰青、国家"万人计划"拔尖人才,华中科技大学武汉光电国家研究中心副主任、光电学院副院长、光谷实验室常务副主任、博士生导师周军教授因工作积劳成疾,于2021年3月12日不幸去世,享年42岁。周军教授的逝世是我国材料科学领域的重大损失。

河南大学物理与电子学院原院长王渊旭,因病医治无效于

2019年10月14日在开封逝世，年仅46岁。王渊旭在完成日本物资材料研究所博士后工作后，来到河南大学，受聘为黄河学者。

2022年3月18日，清华大学自动化系原党委副书记程鹏教授因病医治无效，不幸逝世，终年48岁。程鹏教授1994年毕业于清华大学自动化系，1999年清华大学自动化系博士后毕业后留校任教。程鹏教授长期在自动化系科研、教学和管理第一线。曾获不计科技进步一等奖，有力支持了我国大客机和大运输机转向的工程研究和实践。

2023年2月17日半导体专家，哈工大航天学院著名教授兰慕杰突然去世，年仅59岁，病因据说也是突发心脏病。他的去世是中国半导体研究领域的损失。

据报道2023年7月1日我国著名指挥控制和人工智能领域专家、国防科技大学系统工程学院博士生导师冯旸赫先生在北京因车祸不幸逝世，享年38岁。

经历多年的艰苦历练，一大批优秀的中青年学者是处于"出成果"的年龄，有些已经成为重要科研领域的领军人物。可一旦因健康或其他原因遭遇不幸，他们辛勤积累起来的学术资源瞬间烟消云散。有鉴于此，国家有关部门要及时制定出保护爱护科技精英更高标准的保障措施，营造健康的科研工作环境，保证国家资源配置的精准性、合理性，确保这些爱党爱国肩负时代重任的优秀科研工作者能心安无忧地为国奋力拼搏。

二、存在的问题

改革开放以来,我国科技领域取得了令世界叹为观止的进步和成就,也涌现出一大批年富力强、勇于担当、学识渊博、经验丰富的领军人才。为了宣传我们取得令人振奋的成就,国内的电视台、网络等媒体大力宣传这些先进人物和事迹,在报道取得的科技突破的同时,详尽地介绍这些科技精英,不仅标明他们的职务,还给出清晰的人像画面:

航天科技集团一院长征五号运载火箭总设计师　李东;

航天科技集团一院长征二号运载火箭总体副总设计师　刘烽;

中科院长春光机研究员　巡天光学设施总体主任设计师　徐抒岩;

北京航天飞行控制中心副总工程师　汪赛进;

北京航天飞行控制中心载人飞船副总指挥　杨彦波;

中国航天员中心　航天员系统副总设计师　吴大蔚;

中国首次火星探测任务工程总设计师　张荣桥;

中国载人航天工程空间站系统副总设计师　柏林厚;

超导国家重点实验室副主任　金魁;

……

以上资料是平时观看电视时随手拍摄记录。目前,几乎我国众多取得重大突破领域的科学家的照片、单位、职务等信息都可以在电视、网络等处轻松获取。这种现象希望有关部门予以注意。

三、《中华人民共和国保守国家秘密法》和《中华人民共和国安全法》的规定

《中华人民共和国保守国家秘密法》（以下简称秘密法）的规定：

第九条 下列涉及国家安全和利益的事项，泄露后可能损害国家在政治、经济、国防、外交等领域的安全和利益的，应当确定为国家秘密：

（一）国家事务重大决策中的秘密事项；

（二）国防建设和武装力量活动中的秘密事项；

（三）外交和外事活动中的秘密事项以及对外承担保密义务的秘密事项；

（四）国民经济和社会发展中的秘密事项；

（五）科学技术中的秘密事项；

（六）维护国家安全活动和追查刑事犯罪中的秘密事项；

（七）经国家保密行政管理部门确定的其他秘密事项。

《中华人民共和国安全法》（以下简称安全法）的规定：

第二十四条 国家加强自主创新能力建设，加快发展自主可控的战略高新技术和重要领域关键核心技术，加强知识产权的运用、保护和科技保密能力建设，保障重大技术和工程的安全。

上述领域属于国家保密和安全事项，从事这些领域的顶级专家理应成为保密事项。

四、具体建议

1.要在全社会尤其是传播领域加强《安全法》《保密法》的宣传和教育；

2.媒体在介绍中国取得重大科技成就时，除了国家安全部门特别批准的可以公开报道的之外，不允许播报一线科学家的画面、职务、姓名等信息；

3.要提高和加强我国顶级科学家的健康保健和人身安全的配置标准和保护措施。

写于2023年7月

8 共建"一带一路"

给"引进来"献策 为"走出去"建言

刚刚全程参与了由全球化智库等主办的《第六届中国企业全球化论坛》与三百多位嘉宾共襄盛会，聆听近百位专家学者商业领袖的发言，并担任论坛五《中国东盟、中非、中拉经贸合作和可持续发展》的双语主持人。与精英对话，同智者碰撞，能提高境界，开拓视野。

由全球化智库（CCG）中国国际经济合作学会、中国外商投资企业协会与联合国驻华系统联合主办，中国美国商会、中国欧盟商会、加中贸易理事会、中国瑞士商会、英中贸易协会、中国英国商会、印度工业联合会、中国澳大利亚商会协办的2019中国"引进来"与"走出去"论坛暨第六届中国企业全球化论坛。历时两天于2019年11月3日在北京中国大饭店圆满落幕。

相关部门领导、国内外颇具影响力的跨国公司领袖、驻华大使、国际组织与商会负责人、国际顶尖智库专家及知名学者等逾百位嘉宾发言。近三百位海内外官产学研各界精英共襄盛会，五十余家国内外主流媒体深度报道，共同为世界经济格局动荡下的中国企业"引进来"与"走出去"分享专业经验，凝聚跨界智慧。

全程参会并担任论坛五《中国东盟、中非、中拉经贸合作和可持续发展》双语主持人。到场的嘉宾背景不同,阅历各异,但都不同凡响。哥伦比亚驻华大使路易斯先生来华之前是位杰出的商人;中拉合作基金首席风险官范希文博士,早年留学美国,曾在华尔街工作,现在还是人大兼职教授,是位严谨的学者型企业官员。埃塞俄比亚驻华大使特肖梅先生国际事务经验丰富,有18年的外交生涯经历,担任过五任驻外大使,还曾任政府青年教育部部长;大禹节水上市公司董事长王浩宇先生拥有留美学习和经商的背景,还是标准的新人类"90后"……

改革开放进行了四十余年,前三十多年是以"引进来"为主的时代,近年来中国加快了"走出去"开展经贸和投资的步伐。尤其是"一带一路"倡议的提出,更加促进了中国对外合作的深度和广度,投资领域更加广泛,并呈现出可持续发展的态势。如何能做好经贸合作并确保可持续发展?对于中国企业而言,成功地"走出去"的嘉宾的共识是一定要打造自己的品牌。宝时得电动工具已是全球最知名的电动工具品牌之一,在欧洲等市场的份额和定价远高于德国著名品牌博世。集团董事长高振东先生认为,从为世界大牌代工到打造自己品牌,道路并不平坦,但成功地打造出自己的品牌,命运就掌握在自己的手中;四达时代在非洲30多个国家深耕,四达现在已经是非洲地区知名的数字电视运营商、内容服务商……

早年中国的摩托车曾占据越南90%以上的市场,由于当时的企业不重视品牌打造也不善于打造品牌，只会在市场上进行相互低价恶性竞争，价格越卖越低，质量越来越差，结果被市场无情地全部淘汰出局。相反，日本有些企业向来长于品牌建设，严格控制产品质量，还注重售后服务。现在越南的摩托车市场全部是日本品牌的天下，前车之鉴，血的教训。对"走出去"而言，日本是在国内做大做强之后再"走出去"，中国可以借鉴但不一定完全效仿日本的做法。因为我们已经进入了新时代，拥有与以往不同的技术和环境等。但无论如何，都要把打造品牌放在最重要的位置。因为品牌之路是一条与众不同之路，是一条可持续发展之路。

中国的"引进来"，就是发达国家的"走出去"，在中国市场存活的外资企业大多都是品牌企业；中国企业"走出去"不能仅仅是产品简单地"走出去"，应该是品牌走出，否则即使走出了，也走不远。中国能在海外持续健康发展的企业一定是像华为等全力打造品牌的企业。

写于2019年11月

高质量加速海外园区建设

2018年7月10日,中国商务部公布了一组针对中美贸易摩擦的最新举措。商务部新闻发言人表示,对于美方7月6日加征关税措施,中方不得不做出必要反击。中方在研究对美征税反制产品清单过程中,已充分考虑了进口产品的替代性,以及对于贸易投资的整体影响。同时,商务部将研究采取以下措施:

1.持续评估各类企业所受影响;

2.反制措施中增加的税收收入,将主要用于缓解企业及员工受到的影响;

3.鼓励企业调整进口结构,增加其他国家和地区的大豆、豆粕等农产品以及水产品、汽车的进口;

4.加快落实国务院6月15日发布的有关积极有效利用外资、推动经济高质量发展若干意见,强化企业合法权益保护,营造更好投资环境。

除了上述的措施外,强烈建议中国加快高质量在海外园区建设以及在"一带一路"合作伙伴国家加速建厂,这样既可化解美国加税造成的我国对美国出口可能减少,又可开拓新的市场,同时推进习近平主席倡导的"一带一路"伟大倡议的推进,可谓一石三鸟,一举三得。

一、背景

美国于当地时间7月6日00:01(北京时间6日12:01)起对第一批清单上818个类别、价值340亿美元的中国商品加征25%的进口关税。作为反击,中国也于同日对同等规模的美国产品加征25%的进口关税。美国加税最主要的目的是打击中国的出口企业,用其他市场的出口商代替中国目前的出口企业;同样道理中国加税是让美国对华出口企业的竞争力下降。既然如此,扶持和加强中国企业的出口能力,避免这些企业因美国加税导致失去现有的市场,造成企业陷入困境成为重中之重。

二、美国征税后的影响

针对中国出口:美国加征关税后美国进口商不得不向美国海关缴纳25%的关税。产品在美国市场的价格也就可能上涨,上涨的幅度取决于进口商新的价格制定策略。一是直接将增加的成本直接加到批发价和/或零售价格中;二是下调利润,同时要求出口商降低一定幅度的出口价格,最终用户如果平静地接受了新的价格,市场保持稳定,好像什么没有发生。另一种情况是最终用户不接受涨价的幅度，促使美国进口商转到其他国家的卖家购买，这样就会迫使美国的进口商和中国出口厂商谈判，要求中国厂家商降低价格，以维持目前的用户。而另一种选择：停止从中国进口转向其他国家采购。

针对中国进口：中国海关加收关税，进口产品的最终价格将相应提高。如果国内最终用户可以自行消化新增的成本，就会继续维持进口；一旦最终用户不能接受新的价格，那只有转向其他国家购买。

三、如何应对美国加税

美国是针对在中国生产制造的产品加收关税，但对很多国家生产的产品是没有限制的，这就为我们提供一个解决进口高关税问题的途径和方案。如果中国的一些产品转移到如越南、哈萨克斯坦、巴基斯坦等国生产，这样一方面避开了美国征收高额关税，另一方面也有利于中国的产品和产业在"一带一路"合作伙伴国家及全球布局。与此同时，要加速中国产品的品牌打造，众所周知，世界级品牌的产品价格上涨客户一般容易接受。鉴于中美之间长期的贸易关系，客户关系相对稳定，中国生产的产品因为量大而具有价格优势，美国进口商转向其他国家购买需要相当的时间进行调整，我们应该抓紧时机积极主动在"一带一路"合作伙伴国家加快建厂，而有规模的建厂最有效的方式之一是建设海外工业园区。

四、具体建议

美国征税已经成为现实，对美国直接出口减少不可避免，通过在中国以外的第三国建厂，生产美国市场所需的产品既能免交高额关税又可保持和维护已有的客户和市场，这是一条必由之路。日本当年化解与美国的贸易摩擦采取的就是类似的做法。习近平主席提出的"一带一路"伟大倡议得到了全世界众多国家和地区组织的响应，实地考察也证明许多国家期盼和欢迎中国企业前去设厂，并提供土地税收等优惠政策，这为中国企业"走出去"提供了前所未有的机遇。借助美国征税这一契机，顺势而为，国家相关部门引导辅导国内企业加速海外工业园区建设和在海外建厂，一举多得：既践行了"一带一路"，又规避了美国来势汹汹的关税打压，还实现了中国产业和产品在全球的合理布局。

一句话：**高质量加速海外园区建设。**

写于2018年7月

混合所有制企业在海外大有作为

习近平主席在2017年5月14日出席"一带一路"国际合作高峰论坛并发表主旨演讲时指出:"一带一路"建设已经迈出坚实步伐。我们要乘势而上、顺势而为,推动"一带一路"建设行稳致远。

如何站在国家战略的高度贯彻习主席指示,开展"一带一路"建设行稳致远?重点开展哪些项目才可夯实"一带一路"这巨大舞台的基础?如何推进这些项目才能持续致远?什么样的企业更容易获得沿线合作国的认可?怎样的股权结构才能确保企业既能体现国家意志,又具有现代企业高效的运营机制;既能整体布局,又可先点再线最后成片?在众多开展"一带一路"建设中的企业中如何做到与众不同,快速脱颖而出?根据现有国情和体制,在香港特别行政区、澳门特别行政区或新加坡成立一家综合性的股份制企业,专门从事"一带一路"合作伙伴国家的项目开发不仅必要,而且应尽早组建。

一、背景

海外园区如同"一带一路"大舞台的台柱,这些柱子的质量、规模、结构等将直接影响整个"一带一路"整体的搭建。

时至今日，我国已经在多个国家建立了113家工业园区，取得了可喜的成就；但实事求是地讲，我国境外工业合作区的建设仍处于简单的过剩产能的转移，缺少整体战略高度的初级阶段。

"一带一路"倡议被越来越多的国家和地区接受，希望合作的境外企业和项目不断增加，但国内尚无明确的对接单位，缺少一家既能全面承接国外咨询、洽谈、又能具体操作有关"一带一路"合作伙伴国家项目和经贸的企业型组织机构。

二、目前园区建设及其他领域存在的问题

（一）园区建设

1.简单互补，缺少战略高度

目前我国境外经贸合作区建设仍以少数"走出去"的企业为主导，以工业园区基础设施建设为主体，以输出过剩产能为导向，缺少站在合作国国家战略的角度设计园区，难以获得合作国民众和政府发自内心的持久的支持和配合。

2.零散推进，缺乏整体布局

不同的国家和地区的工业合作区由不同的企业牵头开发和建设，就会缺少全球整体布局，彼此之间就缺少关联，难以形成合力。海外工业园区的推进，至今缺少能脱离自身的业务，站在全

球范围的高度整体设计布局的企业。没有整体的布局,就无法产生最佳的组合效应。

(二)"一带一路"沿线其他领域投资

有些国家对国企央企背景的企业参与有关项目持怀疑态度,西方舆论也常借此宣传中国利用国家资本主义进行经济侵略等,这为我国有效开展"一带一路"经贸合作带来了许多困难。

三、具体设想

站在合作国国家战略的高度,工业合作区的招商将主要选择能满足合作国的国计民生的产品。从中国的国家战略高度上考虑,合作国工业发展经济建设与中国的融合度越高,越利于双方建立长期紧密的合作关系。

成立一家非国有制的股份制企业就可以规避国外的歧视和不当指责,既可灵活有效地开展正常的经贸活动,又可以贯彻国家的一些战略安排。

四、股权设计要点

"一股独大"或股权过于集中极容易导致控股股东独断专行,缺少监督和制衡;也容易造成控股股东侵占公司的资金,严重影响企业的经营，直接损害其他股东和投资者的利益。可采用类似泰康人寿股权多元化、分散化、法人化的做法。这样 N 个股东持股比例一样，地位平等，避免了"一股独大"的弊端；泰康人寿今天的巨大成功，已经证明这个方法有效且可操作。

五、具体建议

为了更高效精准地开展海外工业园区的整合、升级、开发建设，站在国家战略的高度审视园区建设，全面有效整体推进"一带一路"有关项目的基础设施、电力建设、企业重组并购等项目对接与实施，现提出在香港特别行政区/澳门特别行政区/新加坡组建成立混合所有股份制企业设想。

写于 2019 年 4 月

关于在海外精准设立工业合作区的设想

开拓海外市场是我国实施市场多元化战略的一个重要方面，客观地分析海外市场的形势和前景、制定出有效的精准的海外开拓战略具有极其重要的意义。作为世界上新兴的有影响力的经济体，中国需要在世界范围培养和发展出真正意义的战略伙伴和朋友，为此在制定战略时就要做到既能完全贯彻我们的国家发展战略，还能让我们的企业走出国门，能符合对方国家的长远发展，同时还能最大程度解决合作国所面临的经济问题和困难，让合作国家的领导人和人民切身感受到与中国的合作富有成效、实实在在，培养这些国家的人民在认知上对中国的接纳感和亲切感。

过去几年中国的海外战略取得了长足发展，在世界上的影响力越来越大。但近来由于美国及欧洲等国家的媒体别有用心地宣传和诽谤，导致非洲、拉美等地区的国家对中国的到来产生了一些不友好的声音。面对这种局面，一方面我们要利用世界范围的媒体精准地宣传我们的海外互利互赢的政策，另一方面也有必要站在更高层面上重新审视我们的"走出去"战略。

如何建立真正的战略伙伴关系？这就要做到政治上相互支

持，经济上给予帮助。在国外建设中国城、中国产品分拨中心等可以把中国的轻工业日用品输出到海外，帮助中国的一些中小企业走出去，也让当地国家的人民享受到中国制造的物美价廉。但面对当今美国和欧盟对中国发展的抑制和封锁，仅凭单一输出中国廉价的日用品很难在海外树立起中国的大国形象，加之一些企业的产品质量差强人意，又容易授人把柄遭到攻击，适得其反，也很难为中国的企业创造更大的可持续发展空间。凭借中国改革开放发展起来的制造业优势和积累，现提出在海外有条件的国家建立**中国工业合作区**的设想，让全世界清楚地看到我们出口的不是简单的日用品，而是工业合作区，是一个可持续发展的**经济共同体**。

具体设想以加勒比岛国美国的后花园古巴为例，提出如何通过在海外建立工业合作区，实现真正意义的战略合作。

中国作为古巴的第二大贸易伙伴，多年来在政治和经济上相互支持，劳尔·卡斯特罗成功访华，两国增进互信，为中古更深入的合作提供了坚实的基础。21世纪的古巴正在进行前所未有的改革开放。古巴国家领导人，国务委员会主席兼部长会议主席劳尔·卡斯特罗主席说："芸豆和大炮一样重要，甚至更重要！当前对古巴最具有战略意义的是要实行粮食自给"。古巴经济长期以农业生产为主，产业结构单一，导致主要工业和生活物资均需从国外进口。工业品以轮胎为例，古巴每年花费数亿美元从国外进口大量多种品牌的轮胎。这些轮胎从欧洲和亚洲运往古巴，路途遥远,单单运费就是一笔巨大的开销;古巴的食品也主要依赖进口,虽然与美国关系紧张,但据统计,古巴80%进口食物来自美国,美国制造成为古巴位列第一的食品供应来源,在战略上对古巴形成了一定的牵制。

古巴独特的战略位置,是中国企业进军拉美的门户,卧榻之侧更是牵制美国的绝佳选择。作为墨西哥湾的钥匙,古巴日后有可能成为拉美的"新加坡"。经历改革开放发展起来的中国企业,可以为古巴提供更多的"芸豆"。在古巴开放政策允许的前提下,我们设想和古巴有关部门合作,在其新建立的由新加坡管理公司负责管理的港口马里埃尔附近设立20平方公里(暂定)的工业合作区。中方负责道路等基础设施建设以及后续的招商等;古巴方面负责提供优惠的政策、闲置的土地和劳动就业人员。初步意向在开发区内建设食品加工厂、肉联厂、冰箱厂、玻璃瓶厂、轮胎厂、农业机械、农药化肥厂、钢瓶厂、钢铁厂等。站在古巴国家战略的高度考虑,工业合作区的招商将主要选择能满足古巴国计民生的产品。工业合作区招商完成后将为古巴建立一个布局合理的工业体系,每年会为古巴增加大量的财政税收,为古巴节省大量的外汇,为古巴市场提供物美价廉的产品,并创造大量工作岗位。可以说工业合作区的建成将为古巴的社会主义建设提供良好的工业基础和社会及经济保障。工业合作区将盘活古巴现有的闲置土地,充分利用中国加工制造业的资源优势,以最低的成本为古巴建成一个现代化的工业区。这样一个现代化的工业区对提高古巴国家竞争力，提高人民生活水平，保障社会稳定和国家安全均具有深远的现实意义和战略意义。

从中国的战略高度上考虑，古巴工业经济对中国的依赖度越高，就越需要与中国建立长期紧密的合作关系。因为中国工业合作区的建设为古巴国家和人民带来看得见摸得着的经济发展和人民生活的改善，在古巴人民心中留下中国政府是真心实意帮助古巴，是真正的朋友的牢固印象。与古巴建立长期紧密的友好关系将对我国在经济和政治方面大有裨益。在古巴设立工业合作区将赋予中国的企业持续发展的巨大机会，使其在几乎没有竞争的条件下高速发展。例如，中国轮胎企业一旦在古巴设厂，产品不仅可以销售古巴的市场，在销往阿根廷等拉美国家时还可免交30%的关税。

我们可以利用同样的方式，结合我国对外经济援助等政策在全世界范围有条件的国家和地区如缅甸、朝鲜、安哥拉、巴基斯坦、苏丹等设立工业合作区，帮助这些国家建立起完善的经济体系，满足他们国计民生的需求。大胆设想，如果我们的外交、外贸、银行等政策给予大力扶持，能快速实施在以上国家的推进战略，我们中国就会在世界范围发展出众多真正的朋友，我们也会利用这千载难逢的机会就势打造出一批世界级的企业，国内因美国等国家对我产品反倾销造成的出口市场丢失的局面将得以扭转，以往我们在海外大量援建公路等基础设施，导致有路就有丰田车为他人做嫁衣的尴尬处境也将改变，以下问题也就一并解决：

如何在未来二十年让中国成为世界上真正的强国和大国？

如何在全球范围快速提升中国的大国地位和形象？

如何让第三世界的合作国成为中国真正的朋友？

如何让合作国的人民感谢和欢迎中国和中国的企业？

如何利用"走出去"战略将中国企业打造成世界级企业？

如何跑过其他四家金砖国家快速发展的步伐？

如何最大程度发挥中国的对外援助效用？

如何有效化解美国及欧洲对中国的反倾销？

写于2012年7月

修改于2013年10月

银行降息　助力海外投标

——关于海外投标中国商业银行减少利息分红的一点建议

随着"一带一路"倡议的不断推进，更多的中资企业走出去参与国外的基础设施、电力设施、高铁等众多领域的投资，迫切需要中国商业银行同步"走出去"，为其提供金融服务和支持。

一方面，与中资企业"走出去"的规模和速度相比，与外资银行在我国的蓬勃发展对照，中国的银行业"走出去"仍处于初级阶段，为境外中资企业提供优质的金融服务功能也没有充分体现出来。另一方面，日本面对中国的崛起，采取抑制策略，在许多国家和地区的投标中直接和中国面对面的竞争。作为一个发达的工业化国家，日本在国际化方面有多年的积累和经验，加上其银行业特殊的结构，在许多项目上可以提供低于中国和其他国家银行贷款利息，借此从中国手中抢下许多项目。知彼知己，方能百战百胜。现就日本的银行为什么可以提供超低贷款利息进行如下分析：

现有的中国和日本银行制度结构状况：

日本20大主要银行都是上市企业，股东都由实业法人、金融机构、个人和外国企业四类构成，上述四类股东加权平均占银行总股份的比例分别为51.2%、37.2%、5.8%和5.7%。在日本经济生活中影响力较大的大型企业和企业集团控制了大部分银行，他们通过掌握银行的人事任命权直接控制银行的决策权、管理权和经营权。日本银行业的经营目标和经营理念常常与控制他们的企业或企业集团一致，有时甚至忽视了自身的经营目标。

另外，日本银行业股权结构中相互持股特征十分明显，主要有两种情况：一是银行之间相互持股；二是银行与企业之间相互持股。正因为日本主要银行控制在大型企业和企业集团手中，彼此又相互参股，在海外投标遇到像中国这样的对手时就可以采取牺牲利息，拿下项目，保证红利的策略。日本企业向来采取高质量高价格的市场营销方式，往往利润较高。针对一些国家对贷款利息敏感，又有高质量的要求时，日本方面的优势就凸现出来。

我国目前的国有大银行是实施"走出去"战略的主要银行，其股权结构和日本不同，具有自身的独特性，但与在华及海外的外资银行相比，目前我国的银行在差异化战略实施上还存在着相当大的差距，即使是大型国有商业银行也尚不具备在海外实施总成本领先的竞争战略。

具体建议：

近年来，国内银行治理结构、资本充足率等都得到了很大提升，为与国际银行一争高下提供了基础。同时，随着中国主导的"一带一路"倡议的推进，也为国内银行"走出去"提供了机遇。为了提高在海外投标时的竞争力，首先，避免中国企业内部相互无序低价竞争，确保企业获取足够的利润空间；其次，一般项目，建议企业和银行协商利息和利润的制定与分配，针对重大项目，提出如下具体建议：

国家有关部门出面协调：银行调低利息，企业出让部分红利给银行。

写于2018年1月

9 法律法规

企业名称核准注册去地名化的意义

　　建设全国统一大市场是构建新发展格局的基础支撑和内在要求。2022年4月，中共中央、国务院联合印发《中共中央、国务院关于加快建设全国统一大市场的意见》，对加快建设全国统一大市场工作作出总体部署，这是以习近平同志为核心的党中央着眼全局，从战略层面作出的重大决策。党的十九大提出，清理废除妨碍统一市场和公平竞争的各种规定和做法。现行于2021年3月1日起开始实施的《企业名称登记管理规定》完全符合了国家的指示部署。可是对应的《企业名称登记管理实施办法》继续保留2004年的版本，其中关于企业名称含有行政区域的要求与建立全国统一大市场的部署相左，有违平等准入的要求；仍然规定注册资金5000万元或1亿元人民币，设置门槛，人为制造不平等、不公平，也不符合现代化的市场经济的规律，为从事倒卖公司营业执照等不利于经济健康发展的行为提供了土壤和条件。

　　工商注册含行政区域是计划经济遗留下的自缚手脚的产物。其原因分析如下。

一、政策背景

从2016年开始,在全球化智库CCG创始人王辉耀主任的安排支持下,我们不断地通过智库渠道向有关部门提出工商注册去地名化的建议,令人欣喜的是新的《企业名称登记管理实施办法》终于在2021年出台了,目前的工商注册政策如下:

《企业名称登记管理规定》2021年版本

第六条 企业名称由行政区划名称、字号、行业或者经营特点、组织形式组成。跨省、自治区、直辖市经营的企业,其名称可以不含行政区划名称;跨行业综合经营的企业,其名称可以不含行业或者经营特点。

与此同时令人不解的是实施办法却继续采用2004年的版本,用旧办法来实施新规定,不仅逻辑上不通,事实上因惯性思维、旧的关系等因素的影响起到阻碍新办法的有效实施。

《企业名称登记管理实施办法》2004年版本

第九条 企业名称应当由行政区划、字号、行业、组织形式依次组成,法律、行政法规和本办法另有规定的除外。

第十三条 经国家工商行政管理总局核准,符合下列条件之一的企业法人,可以使用不含行政区划的企业名称:

(一)国务院批准的;

(二)国家工商行政管理总局登记注册的;

(三)注册资本(或注册资金)不少于5000万元人民币的;

第十八条　企业名称中不使用国民经济行业类别用语表述企业所从事行业的，应当符合以下条件：

（一）企业经济活动性质分别属于国民经济行业5个以上大类；

（二）企业注册资本（或注册资金）1亿元以上或者是企业集团的母公司；

二、存在的问题

根据现行的《企业名称登记管理规定》"第六条　跨省、自治区、直辖市经营的企业，含行政区划表述的企业，其名称可以不含行政区划名称"，**这一规定无疑是完全正确的，但其实又是多余的**，因为国家已经要求建设全国统一大市场，顾名思义就是无论什么地方的企业其生产的产品的市场就是全中国。极少有企业不愿意把自己的产品卖到全国各地，既然如此，工商注册部门就无须再去询问和核查企业生产经营的产品是想在本地销售还是跨地区销售？有关部门本应该主动地宣传鼓励每一个企业把生产经营的产品卖到34个省、自治区、直辖市。新的《企业名称登记管理规定》2021年3月1日起开始实施，可《企业名称登记管理实施办法》继续采用2004年版本，实际操作起来还是走老路是不言而喻的。为什么这么做？我们不得而知，但其中的弊病和不妥读完这篇文章就一目了然。

设立企业注册时应有地名也就是行政区域的要求的弊端。

（一）地名歧视，从起跑线上制造了不公平

举例：黑龙江双鸭山曙光机器人科技有限公司和上海曙光机器人科技有限公司，具有相同的专业团队和技术，在开拓市场、参与竞争时，不容置疑潜在客户大概率会相信并选择上海公司，造成一起步就标出了强弱、划分了优劣，人为地造成歧视和不公平。改革开放40多年来，北上广深以及沿海经济发达地区已经形成地域优势，据了解，已有数量众多的江浙一带的企业竞相在上海注册公司，就是要占据上海高端、发达的心智资源的优势。与上述这些区域相比，西部地区和边远欠发达地区，科技基础薄弱，人才储备不足，自身缺少竞争优势。在企业名称上加上地区的表述就相当于直接贴上了一个落后没有实力的标签。

（二）名称相同，容易造成纠纷，难以打造品牌

中国改革开放已经40多年了，至今还鲜有世界级品牌，原因是多方面的，但名称注册也是障碍之一。条块分割，各自为政，不同的地区同一个行业有太多相同名字的企业，不仅容易混淆，误导用户，还容易造成纠纷。例如，全国各地有众多的曙光，曙光要成为全国的品牌很难。举例，大连万达集团股份有限公司在2020中国民营企业500强榜位列第28名。山东万达集团股份有限公司列第321位。毫无关系互不隶属的两家企业拥有同一个万达名字就是工商注册地名化所导致。

(三)注册资金高门槛滋生虚假注册

注册资金要求5000万元和1亿元人民币过高,对中小企业就是一种打压,在当下企业难以得到银行贷款的环境下,靠自身积累到5000万元和1亿元资金时,商机已经错过,市场早已变化,品牌早已花落人家。因为有过高注册资金的要求,为一小部分人长期从事工商虚假垫资注册、买卖不含行政区划表述公司的中介机构提供了土壤。设置高门槛注册资金,会扩大企业"贫富"差距,是一种人为的不公平。针对同一个业务,一个注册资金5000万元的企业不一定强于注册资金低于5000万元的企业,后者如果具有良好的融资能力、专业能力,其综合实力就不一定输于前者。据了解,世界范围经济发达和市场高度开放的国家和地区少有对注册资金过高的要求。有人提出参加投标有注册资金的要求,这同样是一种歧视。注册资金虽低,只要能交足保证金就应该允许参加;注册资金高,交不上保证金同样不允许进入。利用市场的机制而不是人为的条条框框管理投标等。

(四)工商注册含行政区划表述是计划经济的产物

计划经济时代和改革开放初期,互联网、数字化管理等还没有出现,企业名称含有地名便于有关部门查找和管理。改革开放40年后的今天,我国的互联网高度发达,数字化管理水平已经有了长足的进步,利用大数据和互联网技术高效服务、管理、监督企业已经不存在技术障碍。工商注册去掉地名,不会造成市场的混乱，相反将会显著提高管理效率。

三、工商企业名称核准注册去地名化

现行《企业名称登记管理规定》已经做了可喜的修改，但《企业名称登记管理实施办法》还采用2004年版本。其中的规定，表面上看似便于管理，实际上在制约和阻碍了企业的发展，为企业制造公平的竞争，为企业打造品牌设置了障碍。站在国家统一大市场的高度看实际上增加了管理的难度，因为全国范围存在大量相同名称的企业，容易造成混淆和纠纷。信息化的今天政府有关部门应该利用数字化信息技术，而不是靠地名来管理企业。

新修订的《企业名称登记管理规定》第六条规定："**跨省、自治区、直辖市经营的企业，其名称可以不含行政区划名称**。"既然要建立公平竞争的全国统一的大市场，每一个企业的经营必然是全国范围的，一定是跨省、自治区、直辖市经营。根据这项规定，工商注册也没有必要含行政区划名称。

四、具体建议

建议要像管理个人身份证一样管理企业。一个企业对应一个注册编号（营业执照的编号其实已经存在）。新注册企业名称去掉地名，同时全国联网，同行业不允许有相同名称的企业，这样更便于管理，更有利于企业营销和打造品牌。例如，全国只有一家"曙光机器人科技有限公司"，因为唯一性，更便于管理，更有利于曙光打造成为国内机器人品类的代表。

现有已经存在的企业，根据各自意愿，在不产生纠纷的条件下逐步向不含行政区域划表述的名称更改。

强化市场基础制度规则统一，健全市场体系基础制度是市场体系高效运行的根本，加快建设全国统一大市场是培育我国参与国际竞争合作新优势的现实需要。企业名称核准注册去地名化的意义就是加速国家关于全国统一大市场战略落地，遵循现代化市场经济的规律，确保企业在平等、公平的条件下开展经营。为此建议对现行《企业名称登记管理规定》和《企业名称登记管理实施办法》中关于含行政区划表述的企业名称注册的有关规定进行修改，实行工商企业名称核准注册去地名化。

一句话建议：企业名称核准注册去地名化。

写于2023年6月

备注：《企业名称登记管理规定》《企业名称管理实施办法》见附录

10 品牌创新

"海航"品牌 务必保留

众所周知，一个国家的强大一定是经济的强大，经济的强大一定是企业的强大，企业的强大一定是产品的强大，产品的强大一定是品牌的强大。正是意识到品牌之重要，我国专门设立了每年5月10日为品牌日，在全国范围各领域深入开展品牌强国工程。美国、德国和日本等国家之所以经济发达，正是因为拥有大量的世界级品牌。实事求是地讲，我国称得上世界品牌的少之又少。海航集团目前因多种原因出现了经营困难，进行重组并购实属必要，但在处理海南航空时强烈建议慎之又慎，不宜一棍子将品牌打死，不能让海南航空这家优秀的航空公司在处理海航集团债务时消失，原因如下。

一、背景

海航集团因多种原因深陷债务困境，近期据告将被接管重组。值得注意的是，近27年来主业海南航空公司经营业绩一直良好，多次被世界航空界评为五星级企业。

二、现存问题

中国缺少世界级品牌,对仅有的品牌要倍加珍惜。在中美贸易冲突中华为的贡献巨大,是因为华为技术强大同时背靠强大的祖国,也是因为它已是世界级的品牌。试想中国再有100家类似于华为的世界级的品牌,国家实力就会有巨大的提高。在中国严重缺少世界级品牌的时候,不可简单地让一个优秀品牌的企业因集团非主营业务牵连而消失。海南航空公司的管理服务有口皆碑,已经在中国和世界范围成了航空领域的一个成功品牌,其价值远超千亿元。打造一个成功的品牌极其不易,属于中国的世界级品牌对国家无比珍贵。海南航空品牌一旦从市场上消失,不仅仅是海航集团的损失,更是中国国家的损失。

三、解决方案

美国处理两大汽车公司的成功案例:2008年美国金融危机,美国三大汽车公司身背数百亿美元债务陷入绝境,其中通用和克莱斯勒两家公司向政府提出破产保护。美国政府采取先注入资金控股确保企业正常经营,待危机过后,企业还款政府再退出的策略,成功地保留了通用汽车和克莱斯勒两大世界级汽车品牌。如果不是当年美国政府采取保留品牌的救市债务重组策略,就不会有后来通用汽车和克莱斯勒的重生,也不会有今天的继续作为美国经济的重要支柱现实。

通用汽车可以重生，是因为美国政府及时出手大力扶持，相信海南航空也一定能够走出困境，涅槃重生。中美之间的竞争也可说是品牌之争，在这特殊的历史时期，保护好已有的品牌尤为重要。为此建议采取类似美国政府出手通用汽车和克莱斯勒汽车的救治方案。

四、具体建议

海航集团除航空业务之外资产均可按法律和政策规定处置，但要保留海南航空的品牌和现有的管理机制，国家或其他企业可以注资暂时控股，待恢复正常运营后偿还注入的资金。

一句话：站在品牌强国工程的国家战略高度，保留"海航"这一优秀的航空公司品牌。

写于2020年2月

关于中国汽车工业的一点具体建议

一、背景

根据中汽协发布的数据显示,2016年中国汽车产销分别完成2811.9万辆和2802.8万辆,同比增长14.5%和13.7%,高于上年同期11.2和9.0个百分点,产销总量再创历史新高,连续八年蝉联全球第一,形势喜人。我国汽车工业,经过60多年的发展已经取得长足的进步,特别是改革开放后,通过合资利用市场换技术,加快了我国汽车工业现代化的步伐。但纵观当下中国整体的汽车工业发展现状,依然存在各自为政、缺少真正世界级品牌等问题亟待解决,现仅就汽车品牌分析如下。

2016年八大上市车企业绩预告对比

车企	净利润(亿元)	变化	销量(万辆)	变化
上汽集团	320.28	7.50%	648.89	9.95%
长安汽车	102-112	2.48%-12.53%	306.3	10.33%
长城汽车	105.47	30.87%	107.45	26.01%
广汽集团	55.02-65.6	30%-35%	165.7	27%

续表

车企	净利润(亿元)	变化	销量(万辆)	变化
吉利汽车	45.2	100%	76.59	50%
江铃汽车	13.18	−40.69%	28.1	6.95%
一汽夏利	1.55−1.95	\	3.68	−43.30%
一汽轿车	−(9.45−9.7)	−19.32%	19.35	−17.97

二、存在的问题

1. 产量增长但利润不高

2016年中国八家上市车企的利润总和653.83亿元,其中,一汽亏损近10亿元,而丰田汽车去年销量1017.42万辆,纯利润1029.87亿元人民币。

2. 品牌多杂且定位不清

轿车行业的高档品牌由奔驰、宝马、奥迪等占据,中档轿车被丰田、本田等把持,低档车又被现代、起亚等所代表。中国车企业生产的汽车定位是什么?

中国汽车工业未能实现突破,没有打造出一个世界级品牌的原因是多方面的,包括车企分散、品牌多杂、地方割据、市场保护等问题,但最关键的问题是**品类不清,定位模糊**,缺少精确的品类战略设计。中国汽车品牌如何突破?日本丰田的成功,韩国现代的崛起,特别是长城哈佛SUV的快速发展,值得借鉴研究。

三、解决问题的方法

长城汽车成立于1984年,已连续多年成为全球利润率最高的车企。2016年销售量107.45万辆,利润105.50亿元人民币,比上一年提高30.87%,这骄人的成功并没有引起国内车企应有的关注。

1. 选准品类 全力以赴

中国长城汽车快速持续发展,成为全球利润率最高的车企绝非偶然,精准的战略定位是其成功的关键。经过专业团队战略梳理后发现:在全球范围内经济型SUV没有世界级品牌。选定经济型SUV这个品类后,长城汽车便集中财力、物力、人力等一切资源,聚焦打造经济型SUV,短短几年便显示出巨大的成效,这就是战略的成功。长城的主攻方向是打造哈弗SUV品牌,成为世界范围经济型SUV的领导者,那么一汽、二汽、广汽、上汽等企业的主攻的品类是什么?想打造什么品牌?

2. 高度长期聚焦 打造品牌

丰田公司成立于1938年,长期专注聚焦于一个品牌——丰田;直到1983年,才推出豪华汽车,而且启用新的名字凌志,不与现有代表中档汽车的品牌"丰田"相冲突。反观中国的大部分车企因缺少一个精准的战略设计,一次推出几个品牌,四面出击,信奉"孩子多了好打架,打一枪换一个地方"的做法,造成我国车企众多,品牌杂乱,至今仍无一个世界级品牌的局面。如奇瑞汽车本来有机会成为经济型小型车的世界性品牌,由于没有聚焦,产品线过度延长，丧失了一次历史性的机遇，当年奇瑞整车就有QQ3、QQ6、A1、瑞麒2、旗云、奇瑞3、A5、瑞虎3、东方之子、东方之子Cross等13大系26款产品。

长城汽车通过战略梳理后发现在全球范围内经济型SUV没有世界级品牌，然后主动收缩轿车皮卡等业务，高度聚焦SUV，全力以赴取得了今天的阶段性成绩。精准定位，坚持聚焦战略起到至关重要的作用，对于这一点，魏建军董事长和王风英总经理高度认同。

四、具体建议

丰田、现代等品牌的成功是品类战略长期聚焦的成功；长城哈弗汽车是中国制造的优秀代表，也是品类战略设计、品牌打造的一个好例子，建议中国的车企及相关部门仔细调研。

具体建议：走进长城哈弗，拆解梳理如何进行品类战略设计、品牌打造。

写于2017年2月

打造100个"华为"

众所周知,华为经过近33年的励精图治,已经成为颇具影响力引领5G的世界级高科技企业。中美贸易冲突以来,华为是美国为遏制中国崛起而打压的最主要的中国企业。庆幸的是华为未雨绸缪,早在多年提前就做出应对美国和全球市场变化的战略安排,面对美国超乎寻常的打击显示出超强的抗压能力。关于企业和品牌,美国前总统奥巴马曾傲慢但又客观地评价俄罗斯什么都没有。言外之意,俄罗斯除了能源和武器外,既没有一个优秀品牌,也无一家杰出的世界级企业。经过四十年改革开放,中国的经济取得了举世瞩目的成绩,企业也得到了长足发展。但实事求是地讲,今天我国有规模的企业总体上还停留在大而不强的阶段,在品牌打造上与世界品牌强国相比还有相当大的差距。中国如能在众多领域都有像华为一样的世界级企业,我国的综合实力将得到巨大提高,面对美国的打压就会更加从容不迫。现就如何利用央企的优势打造属于各自领域的"华为"提出如下建议:

一、背景

《财富》杂志已经公布了2019年世界500强企业榜单,其中中国企业上榜129家,美国企业上榜121家,中国首次超过美国。中国企业在规模上已经有了长足的进步,但称得上世界级品牌的寥寥无几。总体而言,中国多数企业在全球化的市场竞争中还不具品牌优势。

二、存在的问题

(一)品牌认知

1. 市场竞争单元

商业发展到21世纪,竞争业态早已发生巨大变化。企业已不再是竞争单位,产品才是竞争单元。需要指出的是:产品的竞争一定品牌的竞争,客户购买一辆汽车时不会想企业是不是世界500强,而是看购买的车型是否是市场上受欢迎的品牌。同样的价格条件下,毫无疑问客户一定会选购有品牌的产品。故此我们必须清醒地认识到:市场竞争的单元不是企业而是产品/品牌。

2. 市场规模

产品品牌的影响力决定了市场规模。一个城市级的品牌其市场就只会局限在一个城市,当省级、国家级、世界级品牌一旦进入,市级品牌原来占领的市场将被瓜分。一个城市级的品牌,其产能一旦超过城市的市场容量就是产能过剩，而世界级品牌的产品市场是全球范围，它的产能也是以此来计算的。当下中国有相当多的企业产能过剩是因为它产品品牌所覆盖的市场规模限制所致。产能是否过剩取决于它是什么级别的品牌。格力空调是全国品牌，它的产能就以中国的市场容量来计算，如果格力成了世界级品牌，全球各个国家和地区都是它的市场。

（二）关于创新

创新不仅仅是科技创新还包括商业创新。因此我们必须正确理解创新并坚持两种创新，不可偏颇，缺一不可，对于当下的中国而言，商业创新或许更容易实现突破。美国的沃尔玛、麦当劳、耐克等不是科技创新的产物，是地地道道商业创新的结果。苹果、特斯拉、页岩气则是科技创新的代表。我国的企业在加大科技投入的同时，也要特别重视产品品牌的打造。

三、解决方案

中国现有约100家央企，经过几十年的高速发展，在规模上已经达到世界级的水准，但大多停留在大而不强的阶段，其业务常常由多个板块构成。如要成为真正强大的世界级企业，在这些板块共同发展的同时，每家央企都必须要选择一个明确清晰的主攻方向。举例：上汽集团，若有一个车型是世界级品牌，那其产品的市场规模就是涵盖所有国家的。再比如，如果中化集团选择汽车轮胎为主打品类/产品，其战略目标就是要成为世界级的品牌，成为全球车企的选择。再如，宝武钢集团出品的造船板若能做到世界首屈一指，成为有口皆碑的全球第一品牌，那么其成为全球造船企业的首选便是必然。

如同"一带一路"是立意高远的倡议，企业主攻的品类，主打产品的选择和品牌打造，一旦决定就是企业的长久战略，同样也不允许人为更改，不可以更换企业领导便另起炉灶。企业只有坚持不懈，持之以恒，不断打磨，长期耕耘才能打造出世界级品牌。如何让企业领导既有长远规划，又有当下的思考和关注？奖惩制度要合理，为此建议品牌产品的效益与企业管理层收入挂钩，比如效益的20%归团队，80%留给企业，这样现任的领导会全心投入，继任者因为享有利益分配而愿意继往开来，持续深耕。

福耀玻璃长期聚焦玻璃产业而成为世界车企的合作者，长城哈弗集中企业人财物，将经济型SUV定位成主打车型，连续十年高速发展，现已经成为世界范围经济型SUV的领跑者。设想我们现有的100家央企，如果每家企业选择或开创一个新品类，从现在开始经过5到10年的时间，全力各打造出一个个世界级产品品牌或服务品牌，十年后中国的品牌强国工程就将大功告成。

四、具体建议

1.每一家央企在认真做好主业的同时,要精准选择主攻一个新品类,并集中人力物力财力优势打造能够代表这个品类的产品,精益求精、使之成为这个品类的代表,也就是品牌。

为此建议:**每家央企选择或开创并高度聚焦一个品类,努力打造品牌。**

2.国资委要把央企产品或服务品牌打造放到最重要的考核位置,因为手握品牌才能掌握市场的主动权,产品的定价权。只有打造出世界级产品品牌,才能引领市场,才能获取最大利润。打造品牌应该是企业掌门人最重要的职责,责任重大,打造品牌属于企业最大的创新,要给予足够的奖励和激励。

为此建议:**品牌收益的一部分归管理人员所有,确保长期有效激励。**

3.品牌打造是一个系统工程,需要企业借用外脑。近十年来,中国已经涌现出一批既有全球视野又有本土实战经验的战略咨询团队,打败洋品牌的方太厨具、引领经济型SUV的哈弗、逆袭反超进口品牌的飞鹤奶粉等均是中国战略咨询团队的杰作。

为此建议:**央企大胆启用本土有成果的优秀战略咨询团队。**

4.品牌打造是一把手的长期工程,为此必须遵守已制定的企业长远战略,不可以因为个人兴趣、爱好而改变。针对开创新品类打造品牌而言,允许新官上任三把火,但必须是围绕打造已定品牌添柴火。就如同长城汽车一旦选定经济型SUV主攻品类，就要全力以赴长期坚持，就不能再选轿车卡车等。

为此建议：**企业一旦选定打造品牌的品类，继任者不可以改变。**

综上所述，在中华民族伟大复兴的征途中，央企承担着打造品牌的重任，中国本身市场巨大，具有打造世界级品牌得天独厚的优势。我们大胆设想100个央企，凭借资金等优势，通过收购、并购和重组等多种方式，每家贡献一个世界品牌，假以时日，中国的国家综合实力将上一个大的台阶。品牌打造是一条强国之路，央企责任重大，使命光荣，未来可期。

写于2020年3月

关于控制过度宣传"双十一"的建议

宣传"双十一"有哪些利弊？国家和企业的得失是什么？企业和消费者的利益哪个更需要优先保护？"双十一"对中国的经济和品牌建设有哪些影响？

一、背景

"双十一"购物狂欢节是指每年11月11日的网络促销日，现在已成为电商平台举办大规模促销活动的固定日期。近年来，"双十一"已成为中国电子商务行业的年度盛事，并且逐渐影响到国际电子商务行业。

二、存在的问题

1. 名副其实的价格战杀场

邻近"双十一"时，国内媒体铺天盖地的宣传提前开始，大张旗鼓地告知"大战"即将来到。既然是"大战"，就要下气力，使手段。纵观历年的"双十一"战况，使用最多最直接最有杀伤力的方式就是"价格战"。既然是战,在中国各行业同质化竞争非常严重的当下,杀敌一千,自损八百是必然结果。持续的价格战压榨企业利润空间,最终造成企业经营危机。皮之不存,毛将焉附?企业生存都已成为问题,消费者的利益谈何保护,产品的品牌打造之路又在何方?

2.中国品牌被绞杀的屠宰场

一个国家的强盛一定是经济的强盛,经济的强盛必须是企业的强大,企业的强大依赖于产品的强大,产品的强大必须是品牌的强大。德国把奔驰宝马开进中国把欧元挣走,日本把丰田本田出口到中国把日元赚走,美国把苹果可乐卖给了中国拿了美元。当今世界美国、德国、日本之所以强大,是因为这些国家有大量的世界级品牌。我们中国也需要培养世界级品牌,需要把大量的品牌产品卖到国外去,为企业和国家创造财富和利润。一个品牌的成长需要一个健康有序的商业环境,全世界范围品牌鲜有靠杀价低价走向成功的。一个企业如果一味进行"价格战",抢占市场份额,同行会迅速跟进,最后拼到尸横遍野,满地哀鸿,中国目前不缺少产品自相残杀的市场,缺少的是打造品牌的气候和土壤。品牌要强大就要与众不同,需要专心致志,需要持之以恒,需要一个好的市场环境。本来中国就缺少品牌,过度的价格战更是将许多品牌扼杀在摇篮里。欧美等国严格控制过度竞争的道理就在于此,这一点需要我们警醒。

三、具体建议

1.媒体舆论宣传要引导全社会企业打价格是没有希望和出路的，教育全社会把眼光放向更远不应提倡不断打折降价，要更多强调产品的与众不同，产品独特的性能，简单的降价表面上是让利给了消费者，但也剥夺了企业打造品牌的机会，甚至造成企业经营出现困难。

2."双十一"如果成交额再创新高，会在一定程度扩大中国的电子商务对外的影响，即使如此也建议不应过多宣传"双十一"的成交额，误导社会以为这些成交额就是我国经济的发展和制造业的腾飞，为社会创造了大量的财富，为生产企业创造了大量的利润，其实价格战对企业是无奈是苦难。

一句话：打价格战，中国企业没有未来，唯有强大的品牌才是国家的希望。

2017年8月

11 解放思想

新加坡可以成功，我们为什么不能？

中华人民共和国国务院，即中央人民政府，是最高国家权力机关的执行机关，是最高国家行政机关，由总理、副总理、国务委员、各部部长、各委员会主任、审计长、秘书长组成。国务院实行总理负责制。

一个城市或地区行政机构其实就是一个缩小版的国务院，市长或地方最高行政领导就是本市和本地区的"总理"。站在国家运营整体战略的高度治理城市，市长和地方行政领导的定位就是一个城市和地区战略规划的执行者和维护者，而非战略规划的制定者，这一点非常重要。如果地方行政领导机构和地方最高行政官员本人认为自己是这一方水土的当然的战略制定者，那就会出现这一任地方大员制定一套城市、地区的战略设计，下一任官员又会创造性地推出新颖的战略规划蓝图。其结果一定是战略左右摇摆，飘忽不定。一个城市和地区如果缺少一个明确、清晰的发展路径，短期内常有更改变化，形成不了长期的积累，无法做到厚积薄发，经济建设就很难持续发展，更难以做到一年上一个台阶。万事开头难，经常更换领导，随之便常常变换方向，结果就是常常开头，结局一定是长期处于困难之中。

纵观世界范围成为经济发达体的成功的秘诀在于：无论是一个国家还是一个地区，只要战略目标一旦制定，就不可随意修改，不能因为有了新的领导就要重新制定。东南亚华人占近74%的国家新加坡，人口仅545万，国土面积733.1平方公里，资源匮乏，何以在短短几十年的时间成为亚洲最发达的国家之一？而我们为什么不能？

初步研究发现，新加坡之所以成功，除了有一个长期稳定的政治经济环境和优惠的吸引人才的政策之外，清晰明确的长期不变战略目标是成功的关键。根据自身的环境和条件，新加坡建国之初就把目标锁定在航运中心、贸易中心、金融中心、炼油中心、旅游中心、高端制造中心。无论世界风云如何变化，新加坡始终在既定的方向上投入、耕耘、积累。制心一处，无事不成。几十年的坚定不移，长期聚焦，新加坡终于一个亚洲发达的国家之一，2022年世界竞争力排名居亚洲第一。今天的新加坡，即使是国父李光耀先生已离去，现任总理李显龙卸任，新加坡仍将继续发展，原因在于这个国家始终沿着正确方向行进。

新加坡、荷兰、比利时都是发达的资本主义国家，站在研究一个经济体为何成功的视角，可以把它们看作一个城市，这样更有利于我们的地方官员脚踏实地，虚心地学习，研究它们成功的秘密和要诀，避免以它们是国家、我们是城市为借口为自身的不成功开脱。

初步研究发现，中国现有城市的发展战略部分存在大而全的现象、但缺乏明确的具体的方向性。创新城市、宜居城市本应是最基本的要求，却被当作是城市的发展战略。此外，地方政府存在换届后就调整发展战略的现象，其结果必然造成城市发展战略不断变化和摇摆，不能制定出鲜明的一致的战略定位。没有聚焦就没有积累，也就无法形成规模和竞争力的产业和产业链，经济发展难以走上持续增长的轨道，更打造不出一个鲜明的城市品牌。

谁来制定，怎样做出一个城市或地区的精准的战略目标？战略目标一旦制定，新的领导人有权利更换吗？

当然是由精通战略的人来制定战略定位。整个战略团队应该由了解当地的优势和短板，掌握国家产业发展政策，把握当下和未来科技发展方向，了知国内外其他城市和地区的战略目标，长于市场营销和战略的专业人士组成。为此，建议由国家发改委牵头，组织国内一流的战略咨询公司，对国内的城市战略进行一次系统性排查和梳理，然后有秩序和节奏地进行研讨，最后制定出有自身特色、彼此不同的战略目标。近年来，合肥、宁波等城市之所以高速发展，就是因为它们像新加坡、荷兰、比利时一样，找到了属于自己的优势的发展方向。需要说明的是，一旦制定出有鲜明特色的、具体的、独特的战略定位之后，无论更换几任市长都不允许更换，就像"一带一路"伟大倡议一样，必须长期坚持不变。

建议组织部门转变思想，改革干部选拔思路。我们不赞成为了培养一个干部去拿一个城市或地区作为试验田。为此建议市长和地方官员的任期以至少一届两届为好。如果任职五年或十年才有机会提干，期间如不称职就地解除职务或调离，会有更多的人转变观念，不得不脚踏实地，把心血和精力全心全意投入这一地区，就会真正推动一个城市向着明确的目标推进。十年后一个城市就能真正实现产业大升级，人民生活水平上更高的一个台阶。

城市是构成一个国家的基本单元。只要我们解放思想，转变观念，高度重视城市的发展战略和人才培养和选拔，新加坡能成功，我们的672个城市也能成功。

写于2023年7月

12 中美经贸

中美送图

谁受益 谁交税 这两件事 要说透

特朗普挑起对华贸易摩擦，表面上是因为贸易逆差等原因，实质上是近期为拉选票，长远是为遏制中国的崛起。针对贸易谈判而言，先解决表面的贸易逆差等问题是当务之急，如何正确理解和解读贸易逆差尤为重要。对中国来说，让民众和有关人士正确清晰地理解加税的实质和后果也是至关重要的，这将有利于对中国经济做出正确判断，坚定对未来发展的信心。

一、贸易双赢，美方收益最大

1985年以来，美国对外贸易一直保持逆差状态，其中，美国对中国的贸易逆差占比最高达到2015年的73%，2017年，该比值为66%。中国已经成为美国最大的贸易逆差国。对美常年保持顺差给我国带来的好处是外汇储备的快速积累。长达30多年的对华贸易逆差被特朗普及其班子认为是美国当今"最大的政治不正确"，认为美国是其他国家不公平和掠夺性贸易的受害者。现就美国对华贸易逆差和加税进行解析，从中可以看出，美国是贸易逆差最大的受益者。

解析如下：

1. 对于美国进口商 / 批发商 / 零售商

美国专业的进口商是在考察全球市场后，选择一些产品从中国进口。正是因为获利，美国进口商才不断增加进口数量，导致贸易逆差增大。美国的企业获取了高额利润，这是不争的事实；如果美方无利可图，他们早已转向从他国进口。

2. 观光购物和转口贸易

每年有约8700万国际游客到美国观光购物，中国制造的商品又为美国创造了大量的收入；中美洲国家有大量的产品不易从中国直接采购，便从美国的迈阿密等地进口，这些转口贸易也帮助美国企业赚了第三国巨额利润，对美国不利吗？

3. 对于美国民众和政府

美国企业大量进口中国产品确拉大了美国对华的贸易逆差，但实实在在的受益者是美国的民众、企业和政府，尤其是美国税务部门收缴了大量的税款。进口物美价廉的中国产品，转口倒卖赚取了超额利润、还帮助美国民众节省了大额费用，又增加了政府的税收，对美国没有利吗？

二、征收关税，美方自掏腰包

要让中国的民众和专家清清楚楚地明白，美国总统特朗普对从中国进口的产品征收关税是美国进口商掏钱上交给美国海关，而不是中国政府拿老百姓的钱去交给美国。针对中国对从美国进口的产品征收关税，建议收缴的税款专款专用，要用在鼓励和支持在海外建厂、产品升级换代等企业。

特朗普总统所称中国剥夺了美国众多的就业岗位更是混淆视听、颠倒事实。因为世界重新分工，是日本、韩国等国的加工制造业转向了包括中国在内的发展中国家，中国企业是承接了这些国家的部分职能。其实40年前美日贸易摩擦已经对世界经济进行了一次分工，当下美国挑起贸易摩擦是遏制中国发展的直接举动。

美联储前主席格林斯潘也尖锐批评特朗普政府采取一系列贸易保护主义措施的做法。格林斯潘说："美国已处在贸易战的峭壁边缘。如果贸易战真的开打，我们会感到非常伤心，因为认为他国在占美国便宜的逻辑是无稽之谈。"美国商会主席托马斯·多诺霍说："美国经济运转依靠的是支持增长的政策，但这不是对价值2000亿美元的中国商品征收的关税所能做到的。"美国全国制造商协会也说，这些关税可能抵消政府减税带来的好处。代表沃尔玛和百思买等大型连锁企业的行业组织——零售业领导协会负责国际贸易的副会长胡恩·夸克表示："关税是对美国家庭征收的一种税。美国的消费者，而不是中国，将首当其冲成为关税的受害者。"美国密尔沃基设备制造商协会会长丹尼斯·斯莱特则说："我们代表行业的130万装备制造工人敦促特朗普政府不要实行将损害经济的关税措施。我们强烈反对挑起与中国的贸易战，因为在针锋相对的贸易摩擦中，没有人会成为赢家。关税是对美国消费者的税收，加征关税还将使美国相关行业就业面临风险。"

综上所述，中美贸易摩擦所涉及的贸易逆差和进口加税两件事需要说清楚：

1. **针对美国**：对华逆差美国是最大的受益者，而非受害者。

2. **针对中国**：美国征收关税是美方自掏腰包，不是中国出钱。

写于2019年5月

美国加征关税　中国加速品牌

中美贸易摩擦如期而至,不请自来。既然来了,就要面对。国家层面会有手段和对策,实施出口贸易的主体中国企业应该做什么?继续埋头兢兢业业做贴牌,矢志不渝,甘心情愿地永远地做代工吗?要想彻底地摆脱命运受制于美国品牌商,就要立刻警醒,痛定思痛,在做好现有业务、维护好已有客户的前提下,果断加速自有品牌的打造,才是一条光明之路。没有品牌,就只能代工卖低价。

美国加税了,无非几种结果:一是进口买家逼迫中国出口企业降价;二是转从其他价格便宜的市场如越南、印度等地采购;三是美国方面自我消化。前两种对美国最有利,对中国企业都是噩梦。既然是噩梦,就要早点醒来。若不能像富士康一样把代工做到极致,成为全球无法替代的世界级代工品牌,那就要坚定地走打造产品品牌之路。中国对美国出口达4000多亿美元,相当一部分是给美国品牌代工。既然是代工,就只有代工的责任,没有分享品牌溢价的权利。代工无法掌握自己的命运,这是不争的事实和现实。越南、印度等国成为潜在的代工竞争对手正在成长。

加强与这些国家的经济政治合作，遏制中国的崛起是美国的战略安排。虽已过了未雨绸缪阶段，亡羊补牢，犹未为晚。加速中国品牌的打造时不我待，迫在眉睫。成为世界级品牌，就占据了商业的高点，命运就会牢牢掌握在自己手中。

过去的一年，我对东南亚、中亚、北美和中美洲等十余个国家进行了深度考察，走访一线当地市场，了解到中国出口的产品，其实早在10年20年前就已经进入了这些国家和地区。可在中高档店里，看到的尽是欧美品牌、俄罗斯和墨西哥的品牌，甚至还有土耳其的品牌，令人感慨和尴尬的是这些品牌几乎又全部为"中国制造"。走访中了解到和我国接壤的缅甸，泰国商品的档次在当地人们的心中也要高于中国产品。那么国外民众心里中国产品是什么档位，在哪里销售呢？答案是低价位的"地摊货"，在低档店铺和廉价市场里可以买到。

中国为什么缺乏在国际上能够叫得响的品牌呢？首先是企业缺乏打造品牌的意识。品牌不等于名牌，不是铺天盖地的广告就能打造出一个国际品牌，但品牌也不是必须经历几代人才能实现。比如韩国的现代汽车，比中国一汽的历史短十余年，却成为畅销全球的品牌，这值得我们深刻反思。其次，我们的企业也缺乏打造品牌的决心和方法。品牌的打造不是一蹴而就的，从产品品类的开创或选择到产品的挑选，市场营销直至其做成品牌，需要精准的战略规划设计。哈弗SUV就是我国企业成功打造品牌的案例。长城汽车的历史比现代汽车还短，当年是皮卡车大王。鉴于皮卡车不能进城的政策限制，短期内难有大的发展，于是长城汽车开始寻求新的机会。长城汽车的战略顾问团队经过调研发现当时的全球轿车市场里高中低档车型全部都有成熟的大品牌把守，无法突破。SUV市场高档和中档车型也有路虎、丰田等品牌占据。此时全球范围唯独没有低档的世界级品牌，于是长城汽车决定主攻经济型SUV并为之全力以赴。据介绍，长城汽车汽车是多年连续保持全球利润率最高的车企，成为整个汽车界的一个传奇。今天"哈弗"已成为全球经济型SUV的品牌代表，"哈弗"是我们中国企业的好榜样。

打造品牌在中国一直没有蔚然成风，也没有领会打造品牌必须高度聚焦，长期坚持，持之以恒。我国的一些知名企业在成为国内品牌之后往往又陷入一个误区，就是盲目横向扩张。中国老牌的空调厂商春兰曾经是国内空调市场的老大。之后产品线延长至电池、摩托、汽车等，最后结果就"结束了"；乐视的横空出世，四面出击，到轰然坍塌，成为一个品牌打造的反面案例……总结历史，纵观全球，当产品做成了一个国家的第一，但还不是世界第一的时候，仍需要继续专注做下去，方能成就国际大品牌。否则不仅国内第一的江湖地位难以保住，更有甚者连存活都成了问题。

国家强盛要依靠经济强盛，经济强盛要依靠企业强盛，企业强盛一定要依靠品牌的强盛。没有品牌，难说强大？经济全球化时代的中国当下最缺乏的就是国际品牌。我们不能依靠一个华为来支撑整个中国的科技和经济，更不能用一个华为掩盖我们缺少品牌的窘况。中国企业的"走出去"如果没有品牌意识只靠拼价格，即使走出去了最后路也走不远，路还会越走越艰难。如何打造品牌？要向国内外优秀的品牌学习。没有品牌命运就掌握在别人手中。

美国加税了，中国就要加速，要全力加速中国产品品牌打造。只有成功打造品牌，才能有定价权和溢价权，才能成为命运的主宰者，才能经得起风雨见彩虹，也才能行稳致远。

写于2019年8月

加快海外建厂

进入2018年7月写什么都像跑题,说什么都似花边,唯有美国加税是人们最关注、关心、谈论的事。天已下雨,风也刮来,躲不开就去找伞,跑不掉便穿风衣。泰然处之,沉着应对,说不定借助这场暴风雨还能创造出新型的"伞",设计出新一代"抗风风衣"。中美贸易摩擦趋于激烈,事儿看起来真挺大,其实无论多大也只是个事儿。就这事进行一起拆解,相信经历这场暴风雨,我们会一同去见更大更绚烂的彩虹。

美国总统特朗普表情严肃认真地到处喊:"中国对美大量出口,赚了上千亿美元大钱,太不公平"。中美贸易存在巨额顺差是事实,但不平衡不等于不公平,多年来累积获利千亿美元也不否认,如果不获利,就等于救济了美国。堂堂世界第一的美国接受救济怎么都说不过去。其实特朗普总统只说了半句话,另一半他贪污留在了肚里和心中。他把不平衡直接等同于不公平,偷换概念,欺骗世人。另一半话就是:中国赚了千亿,美国节省了万亿美元。省钱就等于赚钱,这个道理商人总统特朗普比美利坚所有人都清楚。美国商界也不会否认进口商在全世界范围比价,最后选择了物美价廉的中国产品是专业理智正确的选择，美国绝大多数人都受惠其中，符合美国的利益。既然占了大便宜，他为什么还声嘶力竭地叫喊着要加税呢？

这是因为近期特朗普先生已尝到做总统的甜头，现意犹未尽，想继续连任；长期战略是要遏制中国的崛起，遏制中国的发展；更深层的野心是要重塑世界商业规则并绝对由美国主导，用心险恶。选举之争就是选票之争，为获得选票，契约、承诺、规则甚至道德都可以放在一边，这也是美国的一种务实。怎样迷惑人心换去选票呢？拿中国说事，说我国大量向美国出口，造成了美国人民失业等等。特朗普先生的独霸逻辑就是美国可以赚100美元，中国获利1美元都不可以，强盗逻辑都比这讲究。特朗普总统还颇具创新，把国际贸易参与者分成赢家和输家，顺差就是赢家，借助这种编造把美国打扮成输家，以受尽屈辱、痛心疾首的受害者样子出现在世界舞台。特朗普总统的政绩是否能超越当年的影星总统里根暂且不论，但其演技已日新月异，突飞猛进，有跨越时代之势，不可小瞧。

美国加税的目的就是削弱中国产品竞争力，这无非几种结果：一是迫使中国产品退出美国；二是施压美国进口商逼迫中国出口企业降价，大幅压缩中方的利润；三是美国方面自我消化。前两种对美国最有利，对中国企业都是被动的。既然如此，中国企业就要尽早放弃侥幸。如果不能像富士康、台积电一样把代工做到极致，成为全球无法替代的世界级科技代工品牌，那就要坚定地走打造品牌之路。美方已决意让中方部分产品退出美国市场，中方企业就要提早安排转向其他国家和地区设厂，在世界其他国家和地区生产继续向美出口。经过40年的发展，中国的工业基础和制造业坚实全面，产品不仅美国人民喜欢，其他市场也同样欢迎。美国哥伦比亚广播公司评论说："特朗普政府的贸易政策来自他们对贸易差额狭隘的理解，在更多货物上加大关税将给美国的消费者、工人以及企业带来不必要的负担"。

据美方统计2017年中国对美国贸易顺差3752亿美元，解决贸易不平衡主要有两种主要模式：一是中方加大从美方进口，达到一个双方可接受的数量；二是中方主动减少对美国的出口。一般而言，双方会倾向于第一种模式，情感上都易于接受。但针对来势汹汹、狮子口大张的美国加税，不妨试试我们主动减少对美出口的策略，出其不意，打乱美方的部署。比如我们主动提出第一期分步骤先减少对美出口340亿美元。这样不同寻常的举动料美国不会想到，届时要动用一切舆论公关活动宣传中方减少出口是配合调整贸易不平衡，给美国民众和企业造成的影响是美方一意孤行的结果。我们可挑选一些对美国社会影响巨大又不伤害美国人民的产品暂停出口或许会促使特朗普总统反思从而调整其策略。比如中方停止对美国出口圣诞用品，让美国2018年的圣诞节只有皑皑的白雪、汉堡、可乐和雪碧。不见圣诞礼物、圣诞老人、圣诞树的踪影。可以想象美国的孩童会哭叫着向特朗普爷爷讨要圣诞。让美国总统体验一次被百千万孩子索赔的感觉。其他产品如尿不湿、卫生巾等也可择机而断。

关于加税，特朗普喜欢用数学迷惑煽动群众。动辄百千亿美元，好像中国会因美国加税损失对应的金额。其实美国对中国产品加税，100%由美国进口商缴付，中方不需要交一分钱。任何事情都有它的两面性，面对美国加税，中国坚决应对。中方也对从美国进口商品增加相同的关税，其产品在中国市场所受的影响美国企业会有切肤的感受。比如美国汽车进入中国大市场就不是件容易的事了。中方加税收取的税费用于补贴中方受损企业以及海外建厂的补贴。

面对美国的加税，中国企业要顺势而为，就像当年美日贸易冲突时日本采取的举措，加速在海外建厂，在特朗普总统的配合下，加速"一带一路"伟大倡议大踏步前进。

写于2018年7月

13 招标采购

怎样做到进口采购货比三家？

2016年中国进出口总值为36849亿美元，约为加入世界贸易组织（WTO）前2001年进出口总值5100亿美元的7.2倍。其中，出口总值为20974亿美元，进口总值为15875亿美元。加入WTO 16年，中国在全球化浪潮中成为世界第一大贸易国。

进出口产品价格现状

1. **出口产品价格**：在全球贸易中、美、德前三甲中，虽然中国贸易总额领先，但出口商品结构却并不合理，低端产品占比过大，卖价自然不高。阿里巴巴、Made-In-China、慧聪网等的存在为国外买家掌握和商讨价格提供极大的便利。

2. **进口产品价格**：改革开放以来，时至今日除了大宗商品价格国内有少数企业研究外，对其他产品如机电、大型设备、高科技等产品价格研究相对滞后，中国买家进口产品严重缺少可以参考的资料，这种现状造成中国从国外进口产品难以把握价格。

存在的问题

国外买家对中国出口产品价格的了解远远高于中国买家对国外产品的价格的掌握。阿里巴巴、Made-In-China、慧聪网等平台集聚了中国几乎所有的出口企业,凭借国内开放的电子商务网站,国外买家通过筛选和货比10家,就可以相对容易获取产品的优惠价格,也可以说是这些平台帮助了国外的买家拿到了好的价格。利用这些平台实现价格优惠1%~5%的可能性是存在的,按2016年出口总值为20974亿美元的2%计算,就是419亿美元,相当于我们少出口2727亿元人民币,金额巨大触目惊心。

针对中国的进口商,国外却没有类似阿里巴巴、Made-In-China的电子商务平台,难以实现货比3家。买家手中因缺少价格信息,就无法掌握谈判的主动权和话语权,常常处于被动的局面。长期以来,因缺少价格资料,中国买家花高价进口的案例比比皆是。按2016年进口总值为15875亿美元的2%计算,就是317亿美元。有资料显示,一家国内医院进口一台2000万元人民币的核磁共振仪,外企直接返回佣金1000万元人民币。如果有进口产品价格研究咨询机构提供价格参考,则可以降低企业进口的成本,为我国每年可以节省大量的外汇。

具体建议

1.建议国家组建进口产品价格咨询公司,为中国的进口商提供有偿的价格咨询服务;

2.可以由中国贸促会牵头组建混合所有制企业,利用贸促会驻外办事处或中国驻外商务处配备专职的产品价格研究人员;

3.在世界主要进口国逐步设立公司,以本土公司的名义进行询价以获取产品价格。

随着我国经济的不断发展，进口量也会不断增加，鉴于国外目前还不允许市场的过度竞争，在国外出现阿里巴巴的可能性不大，因此，有必要组建进口产品价格研究咨询机构，为中国买家提供进口价格咨询提供服务。

写于2017年8月

遏制和震慑采购腐败的建议

据报道，2020年包括政府采购、中央企业和地方国企采购在内，全国公共采购总规模接近30万亿元。2020年中国的GDP总量首次超过100万亿元。由此可见，全国公共采购在GDP中的比重高达30%。如果30万亿元中因腐败导致10%的国有资产流失，其规模也将达到3万亿元人民币，金额之巨大，数目惊心。现实中因各种采购和招标牵涉的部门、环节、利益等众多复杂，造成时至今日采购招标"暗箱"操作、无标不围等仍是业内常态。虽然现有的规章制度和监管监督手段已经大大遏制了采购腐败的进一步扩大，但在目前采购表面流程合规的背后，利益输送、高价采购、围标回扣等不合法的现象依然大量存在。为净化采购环境、消除腐败、确保社会资源公正分配、实现政府和国企更大范围的阳光采购，现提出政府和企业监管部门及早采用独立第三方咨询机构价格服务建议，分析如下：

真实的现状

长期以来，政府和国企的采购、招标领域作为腐败的重灾区，一直受到各方高度关注。从中央到地方均出台了一系列法律、法规和相关的政策规定，但时至今日，"无标不围、专家不专、中介不中"的顽疾依然大量存在，在公共采购中多数没有特定关系的竞争者，尽管报价合理、技术和施工方案优越，但注定多是特定关系户的陪标对象，这种现象业内人所共知。

存在的问题

党的十八大以来的高压反腐成效显著，举世瞩目，各地各级政府和国企的公开采购、招标已经走上合规的正确的轨道上来。但在合规的采购背景下，仍存在大量不合法的采购行为。其中有多大比例的采购和招标存在腐败难下断言，可以确定的是，政府和国企要求的公开采购、招标的相关规定和操作流程表面上大多已经符合规定，但远没有达到合法的、应有的公开、透明和公平竞争。

政府和国企公开采购、招标中的常见弄虚作假手法五花八门，手法隐蔽。从技术含量由低到高的顺序，简单归纳如下：

1. 指定特定品牌和厂家；
2. 设定特殊的资质门槛；
3. 设置奇特的技术门槛；
4. 设计评标办法和报价的陷阱

……

在政府和国企的公开采购、招标中，随着近年来反腐力度的加强，弄虚作假的技术手段也越来越高深。有些精心设计的手法只有少数专家才能识破的评标办法和报价的"陷阱"，不知不觉地将采购项目由特定关系人中标。这样的弄虚作假，隐蔽性强，一般难以识别。

具体建议

采购制度的设计再合规，如果缺少有效的外部制衡和监督机制，由于盘根错节的关系、错综复杂的利益交集，就很难消除各级采购人员的"暗箱"操作与权力"寻租"，这是采购招标腐败难以彻底遏制的问题所在。但无论不法人员采取怎样精心设计的套路，如何巧妙地设计围标和甚至评标，因巨额利益驱使，只有高价中标或平价中标低质量履约等才会有巨大利益，无论采取哪种套路，采购价格是始终绕不过去的重要节点。可以认定任何一项采购和招标，当最终的中标价超过市场真实价格一定比例的（比如30%）或低于市场真实价格时视为异常。这时即使整个采购过程表面合规，都可判定采购异常，可以启动自动报警，有关部门及时介入，在大数据、区块链等技术手段面前，再狡猾的不法分子都会露出马脚。

针对公共采购建议使用外部独立价格咨询机构的服务，目的在于利用独立第三方咨询机构的价格报告，判断在合规的背景下是否存在不合法的采购行为。采用独立第三方咨询机构的价格服务对参与采购的人员有巨大的威慑作用。为确保第三方的价格公正、独立、专业，不受任何外界人为因素的影响，具体操作时要确保采购方不与独立价格咨询机构有直接联系，彼此不发生任何交集，由监察监督机构负责选定独立价格第三方咨询机构。

为此建议：

1. 大力鼓励和培育成立多领域的独立价格咨询机构；

2. 采用区块链和大数据技术，确保采购环节终身留痕；

3. 监督监察审计部门更多使用独立价格咨询机构的服务。

写于 2021 年 1 月

>> 14 国企混改

混合所有制 股权结构可以这样设计

为贯彻党的十八大和十八届三中、四中全会精神,按照"四个全面"战略布局要求,落实党中央、国务院决策部署,推进国有企业混合所有制改革,促进各种所有制经济共同发展,国务院发布了《关于国有企业发展混合所有制经济的意见》国发〔2015〕54号(以下简称《意见》)。

一、政策背景

《意见》指出:改革出发点和落脚点。国有资本、集体资本、非公有资本等交叉持股、相互融合的混合所有制经济,是基本经济制度的重要实现形式。多年来,一批国有企业通过改制发展成为混合所有制企业,但治理机制和监管体制还需要进一步完善;还有许多国有企业为转换经营机制、提高运行效率,正在积极探索混合所有制改革。当前,应对日益激烈的国际竞争和挑战,推动我国经济保持中高速增长、迈向中高端水平,需要通过深化国有企业混合所有制改革,推动完善现代企业制度,健全企业法人治理结构;提高国有资本配置和运行效率，优化国有经济布局，增强国有经济活力、控制力、影响力和抗风险能力，主动适应和引领经济发展新常态；促进国有企业转换经营机制，放大国有资本功能，实现国有资产保值增值，实现各种所有制资本取长补短、相互促进、共同发展，夯实社会主义基本经济制度的微观基础。在国有企业混合所有制改革中，要坚决防止因监管不到位、改革不彻底导致国有资产流失。

二、我国目前国企股份存在的问题

目前，国企央企的股份大部分过于集中，常常是一股独大，具有绝对的控股权和话语权。这种现状的好处是便于快速决策和快速执行；弊端是容易出现一言堂，缺少监督，缺少集思广益，也难以吸引非国有制企业加入，难以贯彻执行落实《关于国有企业发展混合所有制经济的意见》。国企改制中如何做到确保国有资产不流失，非公有制企业也愿意加入；既能避免"一股独大"的弊端，又能向企业注入新的动力和活力？

三、股权设计要点

众所周知，"一股独大"或股权过于集中极容易导致控股股东独断专行，缺少监督和制衡；也容易造成控股股东侵占公司的资金,严重影响企业的经营,直接损害其他股东和投资者的利益。现有的央企、国企资产体量过大,非公有制成分不愿意直接参与股改,原因之一是一旦投资进入现有的央企国企,所占股比例过小没有话语权,没有安全感,导致目前混合所有制很难推进。如何化解这些问题?现提出采用类似泰康人寿股权多元化、分散化、法人化的做法,举例说明如下:

以中国A集团为例子,假设现有企业的资产是100亿元,可将公司股权拆分成100份。如果国资委要求国有资产持有股比例不能低于70%,就将70份的股份中的69份出售给不同的国企,其中A集团保留1份,出售99份后收回大量的资金,继续做董事长单位,其余30份出售给不同的非公有制企业。这样100个股东持股比例是一样的,地位是平等的,避免了"一股独大"的弊端;总计70个属于国有的股东保证了国有资产控股;30个非公有制法人熟悉市场化运作,必将为改制后的企业注入新的活力和动力。采用上述的方法可以化解目前国企改革难以推进的局面。泰康人寿今天的巨大成功,已经证明这个方法有效且可操作。

四、具体建议

1. 将现有国企的股份拆分变成分散的等额的多家法人结构;
2. 由不同国企分散持有大部分股份,保证国有控股;

3. 少部分股份由少数非公有制企业分散持有,平等参与。

一句话:混合所有制改革的方案可采取股多元化、股份分散化、平等化方式。

写于2016年12月

> **15** 供给侧结构性改革

供给侧结构性改革的终极目标是什么？

供给侧结构性改革旨在调整经济结构，使要素实现最优配置，提升经济增长的质量和数量。供给侧结构性改革，就是用增量改革促存量调整，在增加投资过程中优化投资结构、产业结构开源节流，在经济可持续高速增长的基础上实现经济可持续发展与人民生活水平不断提高；就是优化产权结构，国进民进、政府宏观调控与民间活力相互促进；就是优化投融资结构，促进资源整合，实现资源优化配置与优化再生；就是优化产业结构、提高产业质量，优化产品结构、提升产品质量；就是优化分配结构，实现公平分配，使消费成为生产力；就是优化流通结构，节省交易成本，提高有效经济总量；就是优化消费结构，实现消费品不断升级，不断提高人民生活品质，实现"创新—协调—绿色—开放—共享"的发展。中国供给侧结构性改革的终极具体目标，打造出各行业中每一个品类的世界级品牌。

现有的供给侧结构状况

2015年以来，我国经济进入了一个新阶段，主要经济指标之间的联动性出现背离，经济增长持续下行与CPI持续低位运行，居民收入有所增加而企业利润率下降，消费上升而投资下降等等。简言之，中国经济的结构性分化正趋于明显。为适应这种变化，在正视传统的需求管理还有一定优化提升空间的同时，迫切需要改善供给侧环境、优化供给侧机制，通过改革制度供给，大力激发微观经济主体活力，增强我国经济长期稳定发展的新动力。

1.结构性问题：中国的结构性问题主要包括产业结构、区域结构、要素投入结构、排放结构、经济增长动力结构和收入分配结构等六个方面的问题。

2.改革内容：结构调整，减少无效和低端供给，扩大有效和中高端供给，增强供给结构对需求变化的适应性和灵活性，提高全要素生产率，使供给体系更好适应需求结构变化。

3.改革实质：

供给方式：就是按照市场导向的要求来规范政府的权力。

供给结构：供给侧结构性改革就是以市场化为导向、以市场所需供给约束为标准的政府改革。

供给侧结构性改革分析：

供给侧结构性改革是一剂良药，对中国的经济将产生重要的影响。供给侧结构性改革的目标用通俗直白的话讲，就是打造各行业中每一个品类的世界级品牌。产品没有品牌就没有竞争力，没有竞争力就难以营销，产品营销不出去就是库存，产能再少也是过剩。产品可以是实物产品，也可以是服务产品，甚至可是工程等。通过采用精准的战略定位、聚焦并长期坚持等等，成为本品类的世界级品牌，供给侧结构性改革的具体目标就实现了。

我们要以发展的眼光和战略的高度来审视掌握产能的控制。如果不是地区品牌，在地区的竞争中就会落败，产能自然过剩；如果是省级品牌，产能就要与全省的市场容量相匹配；如果是全国的品牌，产能的计算就要考虑全国的需求；如果能成为亚洲的品牌，产能要满足亚洲的市场规模。华为走遍了世界，它的产能就要按照全球市场计算。

经过40多年改革开放，中国已经有相当多的企业的制造能力达到了世界水平，但因为没有品牌，只好代工，代工实际上就是给世界品牌打工，既然是打工，就不可能有太多的利润。中国汽车业的制造水平不在韩国之下，起步也早于韩国，但现代、起亚汽车卖到全世界，就是因为他们是世界品牌，中国供给侧结构性的现状普遍如此。打造品牌要长期高度聚焦，没有聚焦就没有品牌，丰田、现代的成功就是最好的例子。不聚焦就没有坚持，没有坚持就会半途而废。

供给侧结构性改革如果没有一个具体的目标，只是简单地按指标分配"一刀切"的关停并转，就难以执行到位。中国供给侧结构性改革的终极具体目标用通俗的大白话来讲就是：打造出各领域的"华为"，各领域的品牌。

具体建议

全国范围的各级政府主管部门和企业要始终把打造出各个行业里本品类的中国品牌作为先期目标,打造成世界级品牌作为供给侧结构性改革具体的终极目标。

写于2017年7月

16 国际商务

关于驻外经济商务参赞选派的一点思考建议

商务参赞是使馆中负责同驻在国外贸部门进行联系和交涉的外交人员,通常也是使馆商务处负责人,一般由派遣国外贸主管部门派出。其职责是向本国主管部门报告驻在国的经济、贸易发展情况,准备贸易协定的签订工作并监督其执行,签订或协作签订重要的贸易协议额或合同,协助国内企业开拓市场等。改革开放40多年后的今天,国内外的经济贸易环境发生了巨大深刻变化,对商务参赞的素质提出了更高的要求,中国驻外商务参赞的选派应该做出适当调整才能适应新世纪的要求,建议分析如下。

现有状况

中华人民共和国成立以来,中国驻外的商务参赞向来主要由商务部(原来的外贸部)从部内相关处室选派。实事求是地讲,商务部部内干部均受过良好的专业训练,外语水平较高;长期在商务系统工作,对中国对外经济贸易政策的理解和掌握与其他领域的人员相比无疑是更专业的。经过40多年的高速发展,中国已经成为世界第一大贸易国、全球第二大经济体,是名副其实的当今世界经济发展的强大动力和引擎,在国际上的地位越来越高,世界对中国也有更多的期待，尤其是习近平主席提出的"一带一路"倡议得到了全世界130多个国家和地区的认同和接受，与此相应地，驻外商务处的工作也需要与时俱进，承担更多的责任，发挥更大的作用。

存在的问题

以往的商务参赞长期在机关工作，离市场有一定的距离，缺乏经营企业的实战经验，对市场的掌握基本停留在理论或沙盘推演的层面，一旦市场出现问题，难以提出建设性的意见，导致问题不能及时妥善解决，不仅贻误战机，有时还会造成不必要的损失，这一点在一定程度上制约了中国企业开拓海外市场的步伐。尤其是我国正在推进举世瞩目的"一带一路"的伟大倡议，是一项极具挑战和需要创造性、开创性思维的工作，急需有实战经验、经过市场历练的专业干部出任。

改革建议

选派商务经济领域国企央企的高级专业干部出任对外商务参赞，理由如下：

（1）长期在国企央企从事最前沿的业务工作，积累了丰富的市场开拓的实战经验，善于捕捉商机，长于解决市场及企业经营中出现的问题，这些实战的经验更有利于组织中国企业拓展市场、贯彻国家"一带一路"倡议和"走出去"战略的实施；为此建议为"一带一路"沿线重点国家选派国企央企中既有丰富实战经验又具有一定外语水平的专业干部出任商务参赞，为我国的"走出去"大战略做出创造性的攻坚工作。

（2）对商务参赞进行上岗前强化培训。由外贸学院、外交学院、商务部、外交部、财政部等联合对国企央企拟出任参赞的高级专业经理进行培训，使这些工作在第一线的专业干部的商务政策水平可以得到强化和提高。

（3）中国驻外的部分大使的选派也建议根据国别不同和我国的整体对外战略，在外交部之外更宽的领域里选派。

（4）作为改革尝试，在非洲、美洲等一些国家选派国内成规模的非国有制企业中思想政治可靠、商务经验丰富的高级商务人士等出任商务参赞。

具体建议

"一带一路"合作伙伴国家的部分驻外使馆的商务参赞从央企、国企的高级专业干部中选派。

写于2019年2月

17 参访游学

离我们最近的发达国家：韩国

受好友之邀，上周前往韩国参加一个论坛。去年转机曾路过首尔机场，但从未走进这个与中国同属东亚的国家。三个月前我还访问了朝鲜半岛的北半部——朝鲜。一想到能访问半岛的另一半，左瞧瞧右瞅瞅，看的全面也是圆满，故欣然前往。

短短几十年，韩国何以成为亚洲"四小龙"之一？为什么在仅有5000万人口、基础薄弱、资源贫乏的国度出现了三星、现代、LG、雪花秀等世界级品牌，成为亚洲仅有的4个发达国家之一？偌大的中国常常有"韩流"来袭的原因？5天4晚的观感和所思与好友们分享。

从北京搭乘韩亚航空公司的班机前往金浦，空中飞行仅1个半小时，一想到比飞上海还快，顿感全球村定义精准，国际视野瞬间变得宽广。此次活动的主要地点之一是韩国京畿道仅有44万人口的"议政府"市。接待方主人安炳龙市长约45岁，身材匀称，不高不矮，讲一口不很标准但热情洋溢的汉语。其永远微笑的脸，传递着对华的友善和友好，言语中表达出对半岛永久和平的渴望和全力发展经济似火的热情。作为一名市长，他勇于担当接待员、服务员、推销员、讲解员等，全心全意，倾情投入，令人赞叹。地方官员使出浑身解数，竭尽全力地推销城市，爱民敬业，韩国成为发达国家真有其道理。

历史上朝鲜曾长期为中国的藩国，韩国人对此不愿承认和谈及，但又坦言受汉学影响巨大。佛教和儒教先后传入半岛，韩国人传承并发扬，故有"明看韩国、唐看日本"的说法。当韩国成为发达国家后，对于中国及汉字等的影响担忧加深，汉字词曾占韩语总词量的70%，古代的汉字词比例更高。因担心中华文化在韩巨大的影响力会降低韩国的民族感，于是韩国便加快了去汉化的进程。从1970年韩国开始去除教科书中全部汉字，2005年又将首都的名字从汉城改为首尔（Seoul）。一天早上我在酒店周边散步，竟在一街边看到一块大石，上面刻上汉字词的韩文"祖国의未来青年의责任"。这种有着深刻中华烙印牌碑石匾已是稀少，积极吸收中国文化的同时不断使其本土化是韩国文化一大特点。

韩国的文化受中国影响十分明显，其太极图国旗便是最鲜明的例子。虽然如今在首尔等地的大街小巷已难以再见张贴悬挂的汉字，但博大精深、底蕴深厚的中华灿烂文化对韩国的影响依然深刻深远。随着中国的再次崛起，在世界范围的影响力增加，现在越来越多的韩国人留学中国并以能讲汉语为荣。已是发达国家的韩国对中华文化都推崇依旧，我们炎黄子孙更要倍加珍惜，做到文化自信，同时更有责任继承并发扬光大。

韩国从不发达国家发展成为世界科技和制造强国，位居亚洲

17 参访游学

"四小龙"之首,创造了经济发展史上的奇迹,甚至比中国发展得更快。1953~2016年中国GDP增长了354.7倍,而韩国则增长了1085.5倍,3倍于我国。2017年韩国的GDP生产总值1.5万亿美元列世界第十一位,人均GDP 3万美元约是我国人均的4倍。来到首尔,没有时间走访企业,只能用双眼捕捉点点滴滴的先进。每天在公路和高速上行驶,路上的玻璃隔离墙是行走世界各地所见最讲究和最有设计感。细微之处体现先进和发达,其实一个国家发达与先进最后表现出的是思想的超前和观念的领先,同样是玻璃隔离墙因观念理念的不同,产品便有差距。

在首尔的第三天晚上9:00后,独自在周边散步。发现离酒店百米左右有灯光闪烁,走近一看是一餐厅。门上贴有CCTV顿感亲切。烤肉馆老板略懂英文,热情迎客,问有何需要?我答整点韩国喝的,他推介后便选了最烈的一款烧酒。既来之就品之,已经用过晚餐,老板听后大方地送了炒花生和卤花生各一小碟,外加一小盘蔬菜沙拉。倒了杯酒和他攀谈起来,先问贵店和CCTV有何瓜葛?他随口答没有,还说韩国到处都有CCTV。我想厉害了我的CCTV。再细聊才明白了我CCTV非他CCTV。我是中国中央电视台,他是Closed-Circuit Television闭路电视监控系统,也简称CCTV,恍然大悟,长知识。接着品了几杯所谓浓烈的韩国烧酒,付了酒款和留下小费后心满意足地离开。

站在酒店前的街边,重复很多人已经做过和统计功课,数街头韩国汽车的构成,结果依旧。每十辆汽车至少八辆是闻名于世的现代、起亚、双龙等韩国民族品牌。我国的汽车行业近来有长足的进步,有着全球最大市场,却少有真正的自有品牌。前段时间报道,中国一汽又获得多家银行共1万亿元人民币授信额度。这些大企业如能为国家打造出可以匹敌现代,哪怕类似起亚、双龙等品牌,国人都会为之自豪,欢欣鼓舞,给长子再多的贷款支持都会举手赞同。可惜至今仍看不到一汽成为世界品牌的希望,因其缺失精准的品类战略和产品战略,要想成为大国重"汽"路途实在遥远。一汽要低下头来虚心向优秀的外国车企和国内的优秀的民企学习。资料显示:现代汽车2017年利润310亿元人民币,长城汽车50亿元人民币,一汽轿车利润仅2.81亿元,差距怎么那么大呢!!!

口号喊太多,就没有足够的精力和体力脚踏实地。不遵守自然规律和商业规律,无论投入再多广告,一汽大众、一汽奥迪的品牌永远属于德国。合资期限结束,一汽与大众、奥迪分离,到头来只剩下"一汽"。但一汽又没有形成产品品牌,"一汽"至多算是企业品牌。当今商业社会的竞争单元是产品而不是企业,如到那时一汽还坚持卖"一汽",那只有卖企业了。早于现代14年建厂的一汽,届时情何以堪?中国一汽要卧薪尝胆,要为国家为民族也为自己争一口"汽"。

第一次去首尔就体验了两个机场,韩国出行要注意,首尔有仁川国际机场和金浦国际机场。其中仁川机场的T1和T2航站楼相距比我们想象的远,要特别仔细看清楚。韩国第一美食泡菜,世界一流，毋庸置疑，可放心品鉴；韩国烧酒是一种酒精度数为18%~22%的酒精饮料，建议浅尝，口感和中国的白酒大不同，适应和不适应的都大有人在。

发达国家是指人均GDP较高，技术较为先进，生活水平较高的国家。"众里寻他千百度，蓦然回首，那人却在灯火阑珊处。"发达国家离我们最近的距离只是从北京到首尔1小时30分钟飞行的距离。中国正在重新崛起，正在为成为发达国家而砥砺前行。但我们必须一步一个脚印，踏踏实实，有序前行。先追韩国，再赶日本、德国等，最后对标美国。韩国已经先行一步成为了发达国家，时不我待，我们要马不停蹄，奋起直追，迎头赶上，第一步就是要赶上离我们最近的发达国家——韩国。

写于2018年11月

六天日本之行见闻

六天日本之行，从东京至长野，再到箱根，探究日本当年如何成功应对美日贸易摩擦？作为世界上最发达的国家之一，日本的企业如何健康经营？今天的日本民族全球人均寿命最长奥秘何在？超高的汽车保有量、不宽的街道和高速路，为什么能做到一路畅通？

野村综合研究所是亚洲第一全球顶级智库。该所高级咨询师、日中产业研究院院长松野丰先生的《日本的产业政策与结构转型》的演讲，全面深入。从日本经济的发展及与现代中国的比较到日本20世纪50~70年代的产业政策，又从日中企业的全球化比较，再到对中国产业政策的建议，展现了一位学者的严谨专业素养和职业精神。日本每隔10年成功进行一次产业结构转型，不仅化解了当年美日贸易摩擦造成的巨大压力，更助力日本突破了"中等收入陷阱"，成为世界最发达的国家之一。同属亚洲国家，我国正在经历世界经济史上与日本当年类似的一个周期，其经验和对策值得借鉴和研究。

日本企业普遍经营理念是：员工第一，客户第二，股东第三。

也多信奉坚持实现他人的利益,才会有自己的繁荣的经营思想,有佛法利他的影子。日本企业一般多为无负债经营,现金流充裕,抗风险能力强。在2008年全球经济危机各国众多企业倒闭时,日本鲜有公司破产。企业如何适应时代变化呢?不生产和同行业一样的产品,否则将陷入"价格战",这也是日本企业的一种坚守。日本企业无论大小,都特别注重科研的投入。放眼10年20年的基础技术研发,甚至长达50年,追求基础技术直到极限。日本的东丽株式会社在纤维领域长达50年的不断投入,今天它生产的碳纤维成为全球唯一一家波音787机型和新机型777X的机身材料供应商,独步世界。

日本是当今世界企业国际化最成功的国家。YKK是全球毫无争议的拉链行业鼻祖,以高出同行业10倍价格坐拥全球50%的市场份额。在日本国内有21家,在海外73个国家设有90个分支机构。全球第一大碳纤维生产商高丽公司牢牢掌握着世界高端碳纤维的市场份额,在日本国内设立100家公司,境外26个国家设立157家企业。随着中美贸易摩擦的不断加深,越来越多的中国企业将主动和被动地走向海外。可以预见不远的将来,在"一带一路"合作伙伴国家和地区将会出现更多的中国企业,这是历史的必然。当年迫于美国贸易制裁的压力,日本企业加快了进军海外的步伐。今天我们也要顺势而为,实现中国企业的"走出去"。

从东京到长野,日本全境高速公路两旁没看到竖立一个广告牌。司机的注意力和视线不受丝毫干扰,少了眼花缭乱、形式各样的广告牌,并没有影响日本众多世界级品牌的打造,人的安危是第一重要。日本放弃了极少数企业的商业利益,把高速路上驾驶和乘车人员的生命安全放在首位,值得学习借鉴。人身安全是每个公民最基本的要求,为此建议我国高速公路道路两侧禁止设立广告牌,可将商业广告竖立在服务区内。既便于人们轻松观看,也有利于企业商业推广。

日本羽田机场办理登机手续处,托运行李的传送带高度为零紧贴地面,乘客不用力提起行李箱,直接推上。这样的设置不需要科技攻关,只需把乘客放在心中就能实现,希望首都新机场的修建能有这样类似的设计。机场男厕小便处安装的金属小挂钩,解放了先生们的双手,确保方便时真的方便。入住酒店时发现电梯的一角里放置一张小凳,方便老弱病残人士。点点滴滴,用心贴心暖心,以人为本,关爱为怀,细致入微。

日本女性平均寿命89岁,男性87岁,故此20岁才算成年,20~50岁为青年,50~70岁为中年,70岁以上才为老年。日本法律严格规定20岁以前不允许吸烟和饮酒,也就是说20岁以下替老爹打酱油可以,买包烟、购瓶酒都就是违法。正因为长寿,老同志经常会在许多岗位发挥余热。劳顿了一天的同行陈总为自己和室友定了一个酒店里的Massage按摩服务,想放松一下,结果令他们意想不到的是,出现在他们面前的女技师的年龄估计超过了他俩总和。不见不知道,大呼没想到。

高度发达的工业国家,同样有柔情,日本人爱樱花。樱花象征热烈纯洁高尚,两千多年前樱花已在中国宫苑内栽培,唐朝时樱花已普遍出现在私家庭院。当时万国来朝,日本朝拜者将樱花带回,至今已有1000多年的历史。与大多数花不同之处在于樱花是在最绚烂灿烂的时候凋落,果断离去,不污不染,壮丽凄美。年轻时留学日本的周恩来总理曾赋诗一首:樱花红陌上,杨柳绿池边。燕子声声里,相思又一年。

  人已回国,思绪还萦绕着日本。中国人也想长寿,我们的企业也要成功实现国际化,中国也要成为发达国家。他山之石,可以攻玉。日本的一些经验值得借鉴,教训也要吸取。今天美国凭借美元霸主地位,对包括中国在内的国家进行打压。好风凭借力,送我上青天。有"一带一路"伟大构想的逐步推进,借助这次中美贸易摩擦,实现我们国家的产业结构调整升级,加速中国企业的国际化进程。万众一心,上下同欲,丢掉幻想,坚定产品升级和品牌打造。坚信在不久的明天中国一样会成为一个发达的有自己特色的强国。

写于2018年9月

德国的经济为什么这么强？

第一次访问德国是2014的秋天，当时从北京飞到法兰克福，打算利用周末把这个能代表德意志先进的城市看个清楚，没料到到街上一看店铺关门，全部休息，结果这三日成了游手好闲的三天。吸取前次经验，春节开工后有备前往了科隆和慕尼黑，这次不仅把眼睛擦亮，还兔耳立起，时刻保持高度醒觉，聚精会神地东张西望。

在德七天连续吃德国香肠，喝啤酒，过上资本主义生活，体重和见识见闻均有提高。从法国巴黎转机抵达杜塞尔多夫时已是晚上10点，驱车45分钟左右便进入了科隆。杜塞尔多夫位于莱茵河畔，紧邻世界著名的鲁尔工业区，是欧洲经济最发达地区北莱茵—威斯特法伦州的首府，也号称是欧洲最大的村庄。科隆是历史文化名城和重工业重镇，也是一座繁华的现代化大都市，位列德国第四，人口约100万，仅次于柏林、汉堡和慕尼黑。

德国人见面常用问候语是：秩序井然吗？和我们多年前见面说"您吃了吗？"一样普遍。德国平均工资为约每月2000欧元，收入最少的职业是空姐1600欧元。最受欢迎的行业是农业，收入最高；最喜欢的数字是4，发音近似"多"，看来中德文化差异还真不小。

作为欧洲经济的火车头，德国的经济为什么领先？提到德国的繁荣，人们想的是三大汽车制造商、拜耳制药等企业、西门子等大牌公司。但表象之外，真正造就繁荣的是众多的隐形冠军。研究表明，德国的出口贸易乃至整体经济的持续发展，主要得益于中小公司，尤其是那些在国际市场上处于领先地位却"籍籍无名"的中小企业。据统计，德国现有超过百年的企业达2000多家。德国现任总理默克尔曾一言点明：没有强大的家族企业根本不行，他们为德国的经济增长做出了巨大贡献。

来到了科隆，临近鲁尔区，便想到中国的鲁尔——东北辽宁，现在那里的许多企业举步维艰，如何振兴东北老工业基地？德国鲁尔工业区与中国东北老工业区虽然相距万里，但具有同样的资源优势，在实现工业化的过程中都经历了相似的过程，即：由资源开发到经济繁荣，再由资源枯竭到经济衰退。能在德国重振鲁尔的奇迹中获得一些启示吗？除了产业结构需要调整、相关促进政策制定外，最重要的是人们的思维思想亟待改变。众所周知，德意志民族专注和坚持，严谨细致、说一不二，代代相传。我们的企业要向德国公司学习专心致志，踏踏实实，精益求精。只要我们选准方向，坚持最高品质，持之以恒，就会变化成长。

一提到德国，人们首先想到的就是制造业强国。七天科隆和慕尼黑之行，亲见德国的发达是全方位的。从第一产业农牧业到第三产业都是世界领先。德国莱比锡世界博览会、慕尼黑国际啤酒节、柏林电影节、科隆五金展都是全球遐迩。另外，德国的职业教育独树一帜，培养了大批一线技术人才，确保德国的高技术得以工业化，这一点值得借鉴。德国经济的强大是因为企业的强大，企业的强大是因为品牌的强大，正是具有众多世界级品牌成就了德国经济的强劲和强大。实事求是地讲，与德国企业相对照，我们的企业喜欢四面出击，八面威风，秉承鸡蛋不能放在一个篮子和兄弟多了好打仗的逻辑，实施多元化经营。结果所造的蛋，难有出类拔萃附加值高的蛋，常是营养不良、弱不禁风、发育不全的蛋，在市场竞争难有竞争力。贾跃亭先生的乐视几年前风光无限，当初四面开花，现在是危机四起，四面楚歌。曾经千万人热捧，当下万千夫所指，血淋淋的教训，值得深刻反思。德国企业的发展关键一点是遵循了"制心一处、无事不成"。远在欧洲大陆的德意志民族，虽然大多信奉罗马天主教和基督教新教，但深深领会了这一人间的大智慧。

中国改革开放40年，我们取得了瞩目的成就。但要清醒地认识到，我们泱泱大国，当下仅有一个华为，只有当中国各行各业都发展出自己的"华为"时，才是中国成为经济强国之日。从科隆城里酒店出发时是冬季，上了高速行驶30分钟就进入了春天。

顺访奥地利萨尔斯堡小镇和捷克最美的城市布拉格着实是犒劳自己，27年前第一次来捷克住在民宿里的温暖又重现。历史上曾作为前罗马帝国都城的布拉格，是世界上第一座整个城市评为世界文化遗产，是欧洲也是世界上最美的城市之一。再次游览，心旷神怡，回味无穷。

在返程的荷航班机上，机长、乘务长、空姐相继前来祝贺Happy Birthday，遭到暖心细致到位的服务，很是喜悦，趁机多喝了两杯餐前酒。

德国科隆和慕尼黑七天之行见识不少，看到了我们的差距，也深感中国大有希望。高铁十年卧薪尝胆，实现了赶超；继续虚心学习德国和其他发达国家的先进，我们会有更大的发展。加油吧中国！加油啊，中国的企业家！励精图治，奋发图强，制心一处，全力以赴。假以时日，相信不久的将来，中国也会成长为制造业强国，也会成为拥有众多世界品牌的经济强国。

写于2018年3月

18 读书观感

格力之父

——朱江洪自传读后的思考

《我执掌格力的24年》(以下简称《自传》)一书以写实的文字详细讲述了格力前世今生。格力是中国企业的标杆,也是业界的骄傲。格力能发展到今天,奠基人功不可没。他是格力真正的缔造者,在24年零5个月里,他将格力由一个濒临破产的小企业,打造成中国最优秀的企业之一,他就是外界少知、却被业界称为"格力之父"的朱江洪先生。

中国家用电器协会理事长姜风在序中写道:在格力的发展中,朱先生励精图治,运筹帷幄,苦心经营,同时他深懂聚焦战略。当格力空调做大时,不少人劝他进军其他行业,他坦然拒绝说:目前我只会做空调,其他产品不熟悉。况且,就算做空调还有很多技术问题尚待解决,还有很多做不完我的事情,哪有精力和资金开发别的产品呢?

在《自传》211页中朱先生语重心长地说:"我想大家还记得,过去的空调老大是江苏春兰,它本该继续在制冷行业保持'不可一世'的地位,但却急功近利,不合时宜地进军了汽车、摩托车、电视、冰箱等行业，以至于后院起火，被人从空调老大的宝座上拉下来，风光不再，所进入的行业也因种种原因没有做好。"

他娓娓道来的话语，饱含对格力的期望和担忧。《自传》212页中朱先生特别提及：

我在格力任职的二十多年中，也曾有过不少诱惑，但一直坚守自己的专业，不为所动。曾经有人劝我搞汽车（当时汽车行业的确是风风火火），不干；还有人建议我搞太阳能，认为这是一个朝阳行业，不干。

他在《自传》中很少提及当时作为销售员的董明珠，也没有一句指责和批评。朱江洪先生对格力做出的巨大贡献无人能够超越，但从不居功至伟，展示了一位优秀企业家宽广的胸怀和修养。功成身退后，他一直深居简出，难有抛头露面，以至于绝大多数中国人不知道他的存在，更不知晓他是格力真正的缔造者。在书中面对这样一位虚怀若谷、心胸宽广、高风亮节有大格局的老者，还没有读完已是肃然起敬。不仅想到中华大地上若能再有100个朱先生一样像他一手打造的100个"格力"，中国制造业会更加强大，离实现"中国梦"便更近了一大步。

读了这本朱先生的《自传》，不由自主地思考如下问题：

1. 春兰失败的历史会在格力重现吗？
2. 格力手机惨败已是不争的事实，新能源汽车的胜算在哪里？
3. 董明珠董事长看好的珠海银隆钛酸锂电池的技术一旦被另外一种电池技术突破结局会是怎样？投资了800亿元人民币还会存

在吗？

4.据报道2017年上半年格力利润94.52亿元，美的利润108亿元。格力再次被美的超越，背后的原因是什么？

我们认同5年前接替朱江洪先生现任董事长董明珠女士的爱国情怀和对企业对员工的关爱热爱，但对专注的理解和企业品牌战略的把握不完全认同，但愿也祝愿格力能一路走好。

写于2017年9月

备注：最新资料显示

2023年4月28日，美的集团正式发布2022年年报及2023年一季报业绩。公告显示，2022年公司营业总收入3457亿元，同比增长0.7%，实现归母净利润296亿元，同比增长3.4%。

2023年5月1日消息，格力电器公布2022年报，实现营业总收入1901.51亿元，同比增长0.26%；实现归属于母公司净利润245.07亿元，同比增长6.26%。

读《战后日本经济史》有感

《战后日本经济史》一书作者野口悠纪雄是日本著名的经济学家，曾在日本政府大藏省、通产省等多部门任职，亲历了战后日本经济起伏的每一个周期。后从政府机构走进大学，在奉行纵向发展的日本社会中成功实现了一次横向移动。

严谨的治学和丰富的实战历练，造就了他独特的透过表象洞穿事务实质的眼光。他提炼出了日本经济结构的模式，清晰地诠释了第二次世界大战之后日本经济快速恢复的深层机制和根本原理等。

以史为镜，可以知兴替。人们常对日本充满片面和困惑是因为知之不多，了解了日本经济的历史，明晰了日本经济基本结构，就能把握日本高速发展的脉络，看日本问题就会更加透彻。

我曾先后两次访问日本，对日本人的谦虚和低调、危机意识和忧患意识感受颇深，对流行说法"日本失去了二十年"不敢苟同。其实所谓失去的二十年就是日本成功实现产业升级的二十年。日本是当今世界企业国际化程度最高最成功的国家之一，其经济和科技当下依然强劲已经足以说明问题。

四十年前美日贸易摩擦并未将日本经济打垮，相反加速并成就了日本企业成功转型和国际化进程。世人应该清晰地看到日本并非没落了二十年，而是成功转型并稳步向前发展的二十载。

第一，日本的制造业转型和产业的革命是企业的一种自我革命，是一种自我创新。以NEC公司为例。抛弃了电脑产业以后，NEC并没有扔掉自己的半导体技术，而是继续研发尖端的半导体技术。富士公司把它做胶片的膜技术提炼出来，用于生产化妆品。

第二，日本制造业坚持创新，坚持基础研究。比如丰田有款新能源车叫"未来"，它使用的是氢能源系统。

前车之鉴，后事之师。日本的成功转型和产业调整为当下的中国企业提供了借鉴。一个国家主动放弃夕阳产业并不意味一国经济的落寞，对此我们要有清醒的认识。

《战后日本经济史》一书会让读者获取有益的经验和教训，会对日本的过去、现在和未来有比较清醒的认识和判断，比如我们要清楚：至今为止，日本国家累计GDP还超过中国，是当下美国第一大债权国，国力依然强大。但日本常常低调地把自己打扮成一个经济衰退的国家。

这本书对我们既是警醒又是借鉴，有鉴于此，特别向挚爱亲朋推荐此书。

写于2019年秋

>> 附 录

附件一：

中华人民共和国国务院令　第734号

《企业名称登记管理规定》已经2020年12月14日国务院第118次常务会议修订通过，现予公布，自2021年3月1日起施行。

总　理　李克强　2020年12月28日

企业名称登记管理规定

（1991年5月6日中华人民共和国国家工商行政管理局令第7号发布　根据2012年11月9日《国务院关于修改和废止部分行政法规的决定》第一次修订　2020年12月14日国务院第118次常务会议修订通过）

第一条　为了规范企业名称登记管理，保护企业的合法权益，维护社会经济秩序，优化营商环境，制定本规定。

第二条　县级以上人民政府市场监督管理部门（以下统称企业登记机关）负责中国境内设立企业的企业名称登记管理。

国务院市场监督管理部门主管全国企业名称登记管理工作，负责制定企业名称登记管理的具体规范。

省、自治区、直辖市人民政府市场监督管理部门负责建立本行政区域统一的企业名称申报系统和企业名称数据库，并向社会开放。

第三条　企业登记机关应当不断提升企业名称登记管理规范

化、便利化水平，为企业和群众提供高效、便捷的服务。

第四条　企业只能登记一个企业名称，企业名称受法律保护。

第五条　企业名称应当使用规范汉字。民族自治地方的企业名称可以同时使用本民族自治地方通用的民族文字。

第六条　企业名称由行政区划名称、字号、行业或者经营特点、组织形式组成。跨省、自治区、直辖市经营的企业，其名称可以不含行政区划名称；跨行业综合经营的企业，其名称可以不含行业或者经营特点。

第七条　企业名称中的行政区划名称应当是企业所在地的县级以上地方行政区划名称。市辖区名称在企业名称中使用时应当同时冠以其所属的设区的市的行政区划名称。开发区、垦区等区域名称在企业名称中使用时应当与行政区划名称连用，不得单独使用。

第八条　企业名称中的字号应当由两个以上汉字组成。

县级以上地方行政区划名称、行业或者经营特点不得作为字号，另有含义的除外。

第九条　企业名称中的行业或者经营特点应当根据企业的主营业务和国民经济行业分类标准标明。国民经济行业分类标准中没有规定的，可以参照行业习惯或者专业文献等表述。

第十条　企业应当根据其组织结构或者责任形式，依法在企业名称中标明组织形式。

第十一条　企业名称不得有下列情形：

（一）损害国家尊严或者利益；

（二）损害社会公共利益或者妨碍社会公共秩序；

（三）使用或者变相使用政党、党政军机关、群团组织名称及其简称、特定称谓和部队番号；

（四）使用外国国家（地区）、国际组织名称及其通用简称、特定称谓；

（五）含有淫秽、色情、赌博、迷信、恐怖、暴力的内容；

（六）含有民族、种族、宗教、性别歧视的内容；

（七）违背公序良俗或者可能有其他不良影响；

（八）可能使公众受骗或者产生误解；

（九）法律、行政法规以及国家规定禁止的其他情形。

第十二条 企业名称冠以"中国"、"中华"、"中央"、"全国"、"国家"等字词，应当按照有关规定从严审核，并报国务院批准。国务院市场监督管理部门负责制定具体管理办法。

企业名称中间含有"中国"、"中华"、"全国"、"国家"等字词的，该字词应当是行业限定语。

使用外国投资者字号的外商独资或者控股的外商投资企业，企业名称中可以含有"（中国）"字样。

第十三条 企业分支机构名称应当冠以其所从属企业的名称，并缀以"分公司"、"分厂"、"分店"等字词。境外企业分支机构还应当在名称中标明该企业的国籍及责任形式。

第十四条 企业集团名称应当与控股企业名称的行政区划名

称、字号、行业或者经营特点一致。控股企业可以在其名称的组织形式之前使用"集团"或者"（集团）"字样。

第十五条　有投资关系或者经过授权的企业，其名称中可以含有另一个企业的名称或者其他法人、非法人组织的名称。

第十六条　企业名称由申请人自主申报。

申请人可以通过企业名称申报系统或者在企业登记机关服务窗口提交有关信息和材料，对拟定的企业名称进行查询、比对和筛选，选取符合本规定要求的企业名称。

申请人提交的信息和材料应当真实、准确、完整，并承诺因其企业名称与他人企业名称近似侵犯他人合法权益的，依法承担法律责任。

第十七条　在同一企业登记机关，申请人拟定的企业名称中的字号不得与下列同行业或者不使用行业、经营特点表述的企业名称中的字号相同：

（一）已经登记或者在保留期内的企业名称，有投资关系的除外；

（二）已经注销或者变更登记未满1年的原企业名称，有投资关系或者受让企业名称的除外；

（三）被撤销设立登记或者被撤销变更登记未满1年的原企业名称，有投资关系的除外。

第十八条　企业登记机关对通过企业名称申报系统提交完成的企业名称予以保留，保留期为2个月。设立企业依法应当报经批准或者企业经营范围中有在登记前须经批准的项目的，保留期为1年。

申请人应当在保留期届满前办理企业登记。

第十九条　企业名称转让或者授权他人使用的，相关企业应当依法通过国家企业信用信息公示系统向社会公示。

第二十条　企业登记机关在办理企业登记时，发现企业名称不符合本规定的，不予登记并书面说明理由。

企业登记机关发现已经登记的企业名称不符合本规定的，应当及时纠正。其他单位或者个人认为已经登记的企业名称不符合本规定的，可以请求企业登记机关予以纠正。

第二十一条　企业认为其他企业名称侵犯本企业名称合法权益的，可以向人民法院起诉或者请求为涉嫌侵权企业办理登记的企业登记机关处理。

企业登记机关受理申请后，可以进行调解；调解不成的，企业登记机关应当自受理之日起3个月内作出行政裁决。

第二十二条　利用企业名称实施不正当竞争等行为的，依照有关法律、行政法规的规定处理。

第二十三条　使用企业名称应当遵守法律法规，诚实守信，不得损害他人合法权益。

人民法院或者企业登记机关依法认定企业名称应当停止使用的，企业应当自收到人民法院生效的法律文书或者企业登记机关的处理决定之日起30日内办理企业名称变更登记。名称变更前，由企业登记机关以统一社会信用代码代替其名称。企业逾期未办理变更登记的,企业登记机关将其列入经营异常名录;完成变更登记后,企业登记机关将其移出经营异常名录。

第二十四条 申请人登记或者使用企业名称违反本规定的,依照企业登记相关法律、行政法规的规定予以处罚。

企业登记机关对不符合本规定的企业名称予以登记,或者对符合本规定的企业名称不予登记的,对直接负责的主管人员和其他直接责任人员,依法给予行政处分。

第二十五条 农民专业合作社和个体工商户的名称登记管理,参照本规定执行。

第二十六条 本规定自2021年3月1日起施行。

附件二:

企业名称登记管理实施办法

(2004年6月14日国家工商行政管理总局令第10号公布 自2004年7月1日起施行)

第一章 总则

第一条 为了加强和完善企业名称的登记管理,保护企业名称所有人的合法权益,维护公平竞争秩序,根据《企业名称登记管理规定》和有关法律、行政法规,制定本办法。

第二条 本办法适用于工商行政管理机关登记注册的企业法人和不具有法人资格的企业的名称。

第三条 企业应当依法选择自己的名称，并申请登记注册。企业自成立之日起享有名称权。

第四条 各级工商行政管理机关应当依法核准登记企业名称。

超越权限核准的企业名称应当予以纠正。

第五条 工商行政管理机关对企业名称实行分级登记管理。国家工商行政管理总局主管全国企业名称登记管理工作，并负责核准下列企业名称：

（一）冠以"中国"、"中华"、"全国"、"国家"、"国际"等字样的；

（二）在名称中间使用"中国"、"中华"、"全国"、"国家"等字样的；

（三）不含行政区划的。

地方工商行政管理局负责核准前款规定以外的下列企业名称：

（一）冠以同级行政区划的；

（二）符合本办法第十二条的含有同级行政区划的。

国家工商行政管理总局授予外商投资企业核准登记权的工商行政管理局按本办法核准外商投资企业名称。

第二章 企业名称

第六条 企业法人名称中不得含有其他法人的名称，国家工商行政管理总局另有规定的除外。

第七条　企业名称中不得含有另一个企业名称。

企业分支机构名称应当冠以其所从属企业的名称。

第八条　企业名称应当使用符合国家规范的汉字，不得使用汉语拼音字母、阿拉伯数字。

企业名称需译成外文使用的，由企业依据文字翻译原则自行翻译使用，不需报工商行政管理机关核准登记。

第九条　企业名称应当由行政区划、字号、行业、组织形式依次组成，法律、行政法规和本办法另有规定的除外。

第十条　除国务院决定设立的企业外，企业名称不得冠以"中国"、"中华"、"全国"、"国家"、"国际"等字样。

在企业名称中间使用"中国"、"中华"、"全国"、"国家"、"国际"等字样的，该字样应是行业的限定语。

使用外国（地区）出资企业字号的外商独资企业、外方控股的外商投资企业，可以在名称中间使用"（中国）"字样。

第十一条　企业名称中的行政区划是本企业所在地县级以上行政区划的名称或地名。

市辖区的名称不能单独用作企业名称中的行政区划。市辖区名称与市行政区划连用的企业名称，由市工商行政管理局核准。

省、市、县行政区划连用的企业名称，由最高级别行政区的工商行政管理局核准。

第十二条　具备下列条件的企业法人，可以将名称中的行政区划放在字号之后，组织形式之前：

（一）使用控股企业名称中的字号；

（二）该控股企业的名称不含行政区划。

第十三条　经国家工商行政管理总局核准，符合下列条件之一的企业法人，可以使用不含行政区划的企业名称：

（一）国务院批准的；

（二）国家工商行政管理总局登记注册的；

（三）注册资本（或注册资金）不少于5000万元人民币的；

（四）国家工商行政管理总局另有规定的。

第十四条　企业名称中的字号应当由2个以上的字组成。

行政区划不得用作字号，但县以上行政区划的地名具有其他含义的除外。

第十五条　企业名称可以使用自然人投资人的姓名作字号。

第十六条　企业名称中的行业表述应当是反映企业经济活动性质所属国民经济行业或者企业经营特点的用语。

企业名称中行业用语表述的内容应当与企业经营范围一致。

第十七条　企业经济活动性质分别属于国民经济行业不同大类的，应当选择主要经济活动性质所属国民经济行业类别用语表述企业名称中的行业。

第十八条　企业名称中不使用国民经济行业类别用语表述企业所从事行业的，应当符合以下条件：

（一）企业经济活动性质分别属于国民经济行业5个以上大类；

（二）企业注册资本（或注册资金）1亿元以上或者是企业集

团的母公司；

（三）与同一工商行政管理机关核准或者登记注册的企业名称中字号不相同。

第十九条　企业为反映其经营特点，可以在名称中的字号之后使用国家（地区）名称或者县级以上行政区划的地名。

上述地名不视为企业名称中的行政区划。

第二十条　企业名称不应当明示或者暗示有超越其经营范围的业务。

第三章　企业名称的登记注册

第二十一条　企业营业执照上只准标明一个企业名称。

第二十二条　设立公司应当申请名称预先核准。

法律、行政法规规定设立企业必须报经审批或者企业经营范围中有法律、行政法规规定必须报经审批项目的，应当在报送审批前办理企业名称预先核准，并以工商行政管理机关核准的企业名称报送审批。

设立其他企业可以申请名称预先核准。

第二十三条　申请企业名称预先核准，应当由全体出资人、合伙人、合作者（以下统称投资人）指定的代表或者委托的代理人，向有名称核准管辖权的工商行政管理机关提交企业名称预先核准申请书。

企业名称预先核准申请书应当载明企业的名称（可以载明备选名称）、住所、注册资本、经营范围、投资人名称或者姓名、投资额和投资比例、授权委托意见（指定的代表或者委托的代理人姓名、权限和期限），并由全体投资人签名盖章。

企业名称预先核准申请书上应当粘贴指定的代表或者委托的代理人身份证复印件。

第二十四条　直接到工商行政管理机关办理企业名称预先核准的，工商行政管理机关应当场对申请预先核准的企业名称作出核准或者驳回的决定。予以核准的，发给《企业名称预先核准通知书》；予以驳回的，发给《企业名称驳回通知书》。

通过邮寄、传真、电子数据交换等方式申请企业名称预先核准的，按照《企业登记程序规定》执行。

第二十五条　申请企业设立登记，已办理企业名称预先核准的，应当提交《企业名称预先核准通知书》。

设立企业名称涉及法律、行政法规规定必须报经审批，未能提交审批文件的，登记机关不得以预先核准的企业名称登记注册。

企业名称预先核准与企业登记注册不在同一工商行政管理机关办理的，登记机关应当自企业登记注册之日起30日内，将有关登记情况送核准企业名称的工商行政管理机关备案。

第二十六条　企业变更名称，应当向其登记机关申请变更登记。

企业申请变更的名称，属登记机关管辖的，由登记机关直接办理变更登记。

企业申请变更的名称，不属登记机关管辖的，按本办法第二十七条规定办理。

企业名称变更登记核准之日起30日内,企业应当申请办理其分支机构名称的变更登记。

第二十七条 申请企业名称变更登记,企业登记和企业名称核准不在同一工商行政管理机关的,企业登记机关应当对企业拟变更的名称进行初审,并向有名称管辖权的工商行政管理机关报送企业名称变更核准意见书。

企业名称变更核准意见书上应当载明原企业名称、拟变更的企业名称(备选名称)、住所、注册资本、经营范围、投资人名称或者姓名、企业登记机关的审查意见,并加盖公章。有名称管辖权的工商行政管理机关收到企业名称变更核准意见书后,应在5日内作出核准或驳回的决定,核准的,发给《企业名称变更核准通知书》;驳回的,发给《企业名称驳回通知书》。

登记机关应当在核准企业名称变更登记之日起30日内,将有关登记情况送核准企业名称的工商行政管理机关备案。

第二十八条 公司名称预先核准和公司名称变更核准的有效期为6个月,有效期满,核准的名称自动失效。

第二十九条 企业被撤销有关业务经营权,而其名称又表明了该项业务时,企业应当在被撤销该项业务经营权之日起1个月内,向登记机关申请变更企业名称等登记事项。

第三十条 企业办理注销登记或者被吊销营业执照,如其名称是经其他工商行政管理机关核准的,登记机关应当将核准注销登记情况或者行政处罚决定书送核准该企业名称的工商行政管理机关备案。

第三十一条 企业名称有下列情形之一的，不予核准：

（一）与同一工商行政管理机关核准或者登记注册的同行业企业名称字号相同，有投资关系的除外；

（二）与同一工商行政管理机关核准或者登记注册符合本办法第十八条的企业名称字号相同，有投资关系的除外；

（三）与其他企业变更名称未满1年的原名称相同；

（四）与注销登记或者被吊销营业执照未满3年的企业名称相同；

（五）其他违反法律、行政法规的。

第三十二条 工商行政管理机关应当建立企业名称核准登记档案。

第三十三条 《企业名称预先核准通知书》、《企业名称变更核准通知书》、《企业名称驳回通知书》及企业名称核准登记表格式样由国家工商行政管理总局统一制定。

第三十四条 外国（地区）企业名称，依据我国参加的国际公约、协定、条约等有关规定予以保护。

第四章 企业名称的使用

第三十五条 预先核准的企业名称在有效期内，不得用于经营活动，不得转让。

企业变更名称，在其登记机关核准变更登记前，不得使用《企业名称变更核准通知书》上核准变更的企业名称从事经营活动，也不得转让。

第三十六条 企业应当在住所处标明企业名称。

第三十七条 企业的印章、银行账户、信笺所使用的企业名称，应当与其营业执照上的企业名称相同。

第三十八条 法律文书使用企业名称，应当与该企业营业执照上的企业名称相同。

第三十九条 企业使用名称，应当遵循诚实信用的原则。

第五章 监督管理与争议处理

第四十条 各级工商行政管理机关对在本机关管辖地域内从事活动的企业使用企业名称的行为，依法进行监督管理。

第四十一条 已经登记注册的企业名称，在使用中对公众造成欺骗或者误解的，或者损害他人合法权益的，应当认定为不适宜的企业名称予以纠正。

第四十二条 企业因名称与他人发生争议，可以向工商行政管理机关申请处理，也可以向人民法院起诉。

第四十三条 企业请求工商行政管理机关处理名称争议时，应当向核准他人名称的工商行政管理机关提交以下材料：

（一）申请书；

（二）申请人的资格证明；

（三）举证材料；

（四）其他有关材料。

申请书应当由申请人签署并载明申请人和被申请人的情况、

名称争议事实及理由、请求事项等内容。

委托代理的，还应当提交委托书和被委托人资格证明。

第四十四条　工商行政管理机关受理企业名称争议后，应当按以下程序在6个月内作出处理：

（一）查证申请人和被申请人企业名称登记注册的情况；

（二）调查核实申请人提交的材料和有关争议的情况；

（三）将有关名称争议情况书面告知被申请人，要求被申请人在1个月内对争议问题提交书面意见；

（四）依据保护工业产权的原则和企业名称登记管理的有关规定作出处理。

第六章　附则

第四十五条　以下需在工商行政管理机关办理登记的名称，参照《企业名称登记管理规定》和本办法办理：

（一）企业集团的名称，其构成为：行政区划＋字号＋行业＋"集团"字样；

（二）其他按规定需在工商行政管理机关办理登记的组织的名称。

第四十六条　企业名称预先核准申请书和企业名称变更核准意见书由国家工商行政管理总局统一制发标准格式文本，各地工商行政管理机关按照标准格式文本印制。

第四十七条　本办法自2004年7月1日起施行。

国家工商行政管理局《关于贯彻〈企业名称登记管理规定〉

有关问题的通知》(工商企字〔1991〕第309号)、《关于执行〈企业名称登记管理规定〉有关问题的补充通知》《工商企字〔1992〕第283号》、《关于外商投资企业名称登记管理有关问题的通知》(工商企字〔1993〕第152号)同时废止。

国家工商行政管理总局其他文件中有关企业名称的规定,与《企业名称登记管理规定》和本办法抵触的,同时失效。